できる人は
必ず知っている

一流の自分の魅せ方

安田 正

三笠書房

はじめに

もっと自分を活かして10倍魅力的になる

自分の魅力というのは、意外な方法で、10倍も20倍も、１００倍も大きくすることができます。

一流の人は、その結果として、相手に好ましいと思われたり、自らの手で人生を大きく切り拓《ひら》いていったりしているのです。

「意外な方法」というのは、自分の不得意や苦手をなくそうとするものではありません。むしろ、そのようなネガティブな一面にこそ、自分を変える大きなエネルギー・ポイントがあるのです。

私自身、自分を魅力的に見せられず、苦労していた時期があります。私には昔から「頑固」な一面があるようで、何かと損することがあったのです。

古くから知り合いの、ある女性社長には、次のようによく言われたものです。


「安田さんって、とても『上から目線』だよね」


ひどいときは、もっと直接的に「イヤな人だよね」と言われたこともあります。

彼女に指摘された通り、当時、会社を立ち上げたばかりの私は、

「社員は定着しない」

「お客さんは増えない」

「新規営業のアポは断られる」

「銀行もお金を貸してくれない」……と、まさにどん底にいたのです。

思うようにいかない焦《あせ》りから、私の「頑固」はマイナスの形であらわれていました。

災い転じて……

ただ、それから何年か経《た》ったあるとき、同じ女性社長に次のように言われました。

「安田さんって、上から目線の人だったよね」
「とてもイヤな人だったよね」……

そう、過去形に変わっていたのです。
ちょうどそのあたりからでしょうか、会社も軌道に乗り始めました。

今振り返ってみれば、自分の魅力の出し方の原点がそこにありました。
なぜなら私は、決して「頑固」という個性を捨てたわけではないからです。
頑固だったからこそ、本来だったら人があきらめるような仕事も絶対にあきらめなかった――。

毎月のノルマも、強い責任感をもって必ず達成した――。

「頑固」を捨ててしまえば、それこそ私は何の取り柄《え》もない、凡庸《ぼんよう》な人間になってしまったことでしょう。

頑固という「強み」こそが、私を、会社を何もなかったところから軌道に乗るまでにしてくれたはずなのです。


では、どうしたか。

社長として、**それにふさわしい「頑固」の出し方に変えればよいだけ**だったのです。

そうすれば、自分としては何も変えていないのに、周囲にはガラリと変わったように見られます。

話せば話すほど、信頼感が前面に出てきて、意思の固さが伝わる――。

まさに、災いが転じて福となした瞬間でした。

自分の「変身ポイント」に気づくだけでいい

この経験から「苦手意識」「不得意と思うもの」にこそ、実は、自分の一番のエネルギー・ポイントがあるのだと考えるようになりました。

多くの人が自分の「本当の強み」を知らな過ぎます。そのために、せっかくの長所・美点を活《い》かし切れていないのです。

にもかかわらず「自分を変えたい」「もっとうまくいく方法が知りたい」ともがいています。

うまくいっている人は必ずしも、特別な素質をもっていたり、すぐれたやり方を知っていたりするわけではありません。

ただ、自分の特徴や性格……自分の「本当の強み」を最大限に活かしているだけなのです。

何も強みがない人などいません。では、その強みとはどこにあるのか。多くの人を見てきてわかるのは、誰もが、次の5つの強みのどれかを必ずもち合わせているということです。

①俯瞰《ふかん》力……高い視点から見下ろし、一歩先を読む力
②共感力……心に寄り添《そ》って考え、行動する力
③論理力……筋道を立てて考え、誰もが納得しやすい形につなげる力
④サービス精神……相手を楽しませたり、気分を高めたりする力
⑤尊重力……敬意をもって接し、忠実に従う力

人それぞれ①から⑤のどれかをもち合わせていますが、必ずしもどれか一つというわけではなく、いろいろと合わせもっているものです。

たとえば、

①「俯瞰力」を発揮してチーム全体をまとめながら、④「サービス精神」を発揮して雰囲気づくりにも貢献できる人。

友達の間では穏《おだ》やかな②「共感力」タイプでも、職場では凛《りん》とした①「俯瞰力」タイプの人。

人は、場面や相手に応じて、いろいろと自分の特徴を使い分けているのです。

ところが、自分を知らな過ぎるあまり、せっかくのいい特徴が裏目に出てしまっている人がいます。

それが仕事や人間関係で思うようにいかない原因にもつながります。

たとえば、「共感力」に強みがある人の、そのせっかくの力が裏目に出ている典型的な例は、

「共感力」があるために、相手やその場の空気を優先し過ぎてしまい、自分の気持ちを後回しにする

これは、**「共感力」を活かして、言いにくいことでも穏やかに伝えられる人**とは対照的です。

まったく同じ特徴でも、「よい方面」に出るか「悪い方面」に出るかで、結果が正反対になります。

これがそのまま、「うまくいっている人」と「うまくいっていない人」の差になります。

こういった例は数え切れません。

⊕ 俯瞰力があるために、リーダーシップを発揮し周囲から慕《した》われる

⊖ 俯瞰力があるために、物腰が高圧的で人の心が離れていきやすい……

⊕ 論理力があるために、話がわかりやすく納得を得られやすい

⊖ 論理力があるために、話が説明的過ぎて会話が盛り上がらない……

⊕ サービス精神があるために、場をパッと明るく盛り上げられる

⊖ サービス精神があるために、軽く見られて評価されにくい……

⊕ 尊重力があるために、どんな相手でもペースを合わせられる

⊖ 尊重力があるために、補佐《ほさ》役になりやすく、活躍ぶりが目立たない……

ここにあげたような－（マイナス）は簡単に＋（プラス）に変えられます。

私はこれを**「変身ポイント」**と呼んでいます。

これから紹介する方法は、自分の性格を変えることではありません。

むしろ自分がもっている本当の強みを、最大限に活かす方法です。

今の環境、あり方のままで、自分の魅せ方だけを180度変えていけばいい――。

ぜひ、自分自身がまだ気づいていない才能に気づき、想像もできなかった素晴らしい人生を切り拓いていくことを心から願っています。

安田 正

もくじ

2章 親しみやすくて、信頼してもらえる

――「共感力」を10倍魅力的に見せる方法

3章

クールだけど感じがいい

――「論理力」を10倍魅力的に見せる方法

4章 好評価につながる「場の盛り上げ方」

――「サービス精神」を10倍魅力的に見せる方法

5章 どこに行っても「可愛がられる」人に
——「尊重力」を10倍魅力的に見せる方法

編集協力：松下喜代子／イラスト：たなかようこ

1章

一層「頼もしい」と思ってもらえる

──「俯瞰力」を10倍魅力的に見せる方法

「俯瞰力」で魅せるために

「俯瞰力《ふかん》」とは、高い視点から見下ろし、一歩先を読む力のこと。

このタイプの人は、物事の全体像がよく見えており、今何が求められているのかを適切に判断することができるため、次のような特徴があります。

- 取り組むこと全体に対しての「責任感」が強い
- いい結果を出すためには「自分の意見」をハッキリ述べる
- ゴールへ進もうとする「向上心」が強い
- 「目標の立て方」がうまい

こういう特徴がいい形であらわれていると、

⇩リーダーシップを発揮《はつき》できる
⇩誰もが「イエス」と納得できる形にする
⇩周囲をその気にさせて巻き込んでいく
⇩いつもイキイキと活躍できる

という「いい循環《じゅんかん》」を巻き起こす、魅力的な存在になります。

リーダーとして頼りになる人、周囲の尊敬を一身に集めるタイプの人はみな、「俯瞰力」を上手に活かしているのです。

一方で、この特徴が裏目に出てしまうと、周囲とさまざまなあつれきを生んでしまうことにもなりかねません。

○リーダーシップはあるけれど、物言いが高圧的で周囲から慕われにくい……

○求めるレベルが高過ぎて、周囲がついていけない……

こういったことに心当たりはありませんか。

「俯瞰力」を活かして、より魅力的で活躍できるようになるにはどうすればいいのでしょうか。

具体的な例をあげながら、見ていきましょう。

「俯瞰力」を活かしている人

リーダーシップを
発揮できる
誰もが「イエス」と
納得できる形にする
周囲を
その気にさせて
巻き込んでいく
いつもイキイキと
活躍できる

1

言い方がキツくなっていないか心配

人がアドバイスを求めてどんどん頼ってくる

こんなことで悩んでいませんか？

- 周囲から「頑固」「上から目線」だと思われている
- 「○○さんは頭がカタい」などと噂されているようだ
- 自分の言い方に「強制感」がないか心配……

一所懸命にやっているのにこのように受け取られては心外ですよね。そのままにしていると、

- 人間関係がうまく築けない
- せっかくいいアドバイスをしようとしても、ネガティブに理解される
- 部下が寄ってこない、部下が育たない
- 夫婦関係が悪くなる……

といった、悪い事態につながってしまうかもしれません。

変身ポイントは「俯瞰力」

なぜそんなことが起きるのでしょうか。
それは、変身ポイントである「俯瞰力」がマイナスにあらわれているからです。

「俯瞰」とは、高い視点から全体を見下ろすこと。
つまり「俯瞰力」とは、仕事ならば自分の職務だけでなく、職場やプロジェクト全般にわたって、次にどのようなことが起きるのか、何が必要になるのかを見極め、万全《ばんぜん》を期《き》す力のことです。

ここでの悩みのように、「頑固」「上から目線」といった「俯瞰力」がマイナスにあらわれていることも、自分にとっての大きなエネルギーにできるのです。

「俯瞰力」がマイナスにあらわれると

では、なぜ「頑固」「上から目線」と思われてしまうのでしょうか。

このような人は、自分のバックグラウンド（知識や経験など）から、きちんとルールを作り、それを実行することが得意です。

たとえば「人は努力するべき」「この仕事は85％のラインまで達成するべき」など、自分自身で定めた指針です。そして、そのルールに絶対的な自信をもっています。

ところが、**ある人が取り組み始めたことが、この自分のルールと違っているのを見ると、そのやり方ではうまくいかないとわかってしまい、すぐに指摘してしまう**のです。

そのルールをもたない相手にしてみれば、取り組み始めたことを頭ごなしに否定されては、いい気分はしません。

結果として、せっかくの俯瞰力がマイナスに出て「上から目線」と思われるのです。

「俯瞰力」がプラスにあらわれると

ではどうすれば、俯瞰力をプラスの出方にすることができるのでしょうか。マイナスからプラスへの変身のコツは**「相手にとってのメリットも考慮する」**ことです。

そもそも、このような人は、自分の価値観について相手に伝えることに長《た》けているはず。ただそこに「相手にとってのメリット」という視点が欠けているだけです。

相手の置かれている立場や状況まで考慮して初めて、俯瞰力はプラスの出方をするのです。

そのためには、自分の意見を伝える前に、**「困っていること」や「悩んでいること」など、相手の情報を引き出すことに集中しましょう。**

相手が「何について困っているのか」「そのことでどれほど困っているのか」など、「自分：相手＝2：8」程度の割合で話し合い、一緒に解決しようとする姿勢を示すことで、的確なアドバイスやエピソードを伝えられるようになるのです。

「俯瞰力」の出方しだいで……

的《まと》を射たアドバイスに
細かいことにうるさい人に

Point

- いくら有益なアドバイスでも、「あなた自身が苦労して気づいたこと」や「数年後にようやく活きてくること」は、相手にとって押しつけがましく聞こえるもの
- 上手に伝えるためには、ステップバイステップで示したり、自分の経験談を交《まじ》えながら説明するとよい

2

自分にも相手にも厳しくなりがち

リーダーシップをビシッと発揮できる

こんなことで悩んでいませんか？

- 周りの人が、どこか緊張して話しかけてくる
- 「態度や口調が高圧的だ」と言われたことがある
- 「怖い」というイメージをもたれやすい

自分では普通にしているつもりなのに、相手からこのように受け取られてしまっては、もったいないですよね。そのままにしていると、

- 職場の雰囲気が悪くなる
- 誰も自分に意見をしなくなる
- 楽しい話が回ってこなくなる
- 部下がすぐに辞めてしまう……

といった、悪い事態につながってしまうかもしれません。

変身ポイントは「責任感」

なぜそんなことが起きるのでしょうか。

それは、変身ポイントである「責任感」がマイナスにあらわれているからです。

「責任感」の強い人は、自分に与えられた役割をしっかり果たそうとする気持ちを、人一倍もっています。

役割を果たすために、物事のいいところはいい、悪いところは悪いと、公平な目で判断し、いいところはどんどん取り入れようとします。

ここでの悩みのように、「高圧的」「怖いと思われる」といった「責任感」がマイナスにあらわれていることも、自分にとっての大きなエネルギーにできるのです。

「責任感」がマイナスにあらわれると

では、なぜ「高圧的」「怖い」と思われてしまうのでしょうか。

このような人は、強い責任感を、自分だけでなく周囲の人に向けることもあります。

ほかの人の行動についても、「いい／悪い」をチェックし、悪い部分を正そうとするのです。

悪い部分を正そうとアドバイスするのは、悪いことではありません。

問題となるのは、その伝え方です。

時には強い責任感から、なんとしても、自分の主張を相手に認めさせようと、つい語気が荒くなったり、表情が厳しくなったり、攻撃的な表現をしてしまうことがあります。

相手にしてみれば、唐突に詰め寄られたのも同然です。

結果として、責任感がマイナスに出て、「高圧的」と思われてしまうのです。

「責任感」がプラスにあらわれると

ではどうすれば、責任感をプラスの出方にすることができるのでしょうか。

マイナスからプラスへの変身のコツは「相手が受け入れやすい言い方をする」ことです。

そのためには、頭ごなしに自分の価値観を押しつけるのではなく、まずは、相手が何を理解できていて、何が理解できていないのかを整理する必要があります。

そして、自分の経験からは「正しい」「間違っている」ことが明らかだが、相手にはそれが理解できないと思われる場合には、まずは、なぜ「それではいけないのか」「こうするべきなのか」という理由を伝えるといいでしょう。

そうすれば、高圧性は軽減され、「あなたのためを思っている」「あなたにもっと成長してもらいたい」というプラスの責任感が伝わるのです。

「責任感」の出方しだいで……

頼れるリーダーに!
周りから怖がられる……

Point

- 相手が「理解できていること」と「理解できていないこと」を明確に示すことが大事
- 些細《ささい》なことでも、何が理解できていて、何が理解できていないのか、相手に直接尋ねてもいい

なかなか話がまとまらない……

3

誰にでも「イエス」とキッチリ言わせることができる

こんなことで悩んでいませんか？

- 「人の意見に耳を貸さない」と言われる
- 自分の考えを主張しても、部下やチームに納得してもらえない
- 反対意見についイライラしてしまう

仕事は基本的にチームプレイですから、意見のすれ違いが起きるのはよくあること。しかし、「自分の言っていることのほうが正しい」と無理やり押しつけたり、こだわったりしていると、

- 人間関係がうまくいかない
- 仕事がスムーズに進まなくなる
- 困ったときに、相手の力を借りにくくなる……

といった、悪い事態につながってしまうかもしれません。

変身ポイントは「意見のハッキリさ」

なぜそんなことが起きるのでしょうか。
それは、変身ポイントである「意見のハッキリさ」がマイナスにあらわれているからです。

自分の意見をハッキリ主張できるというのは、素晴らしい能力です。
意見のハッキリした人が、プロジェクトやチームのリーダーであれば、仕事はうまくいく可能性が高まります。状況に流されないその姿勢によって、スムーズに進行していくからです。

ここでの悩みのように、「納得してもらえない」といった「意見のハッキリさ」がマイナスにあらわれていることも、自分にとっての大きなエネルギーにできるのです。

「意見のハッキリさ」がマイナスにあらわれると

では、なぜ「なかなか納得してもらえない」のでしょうか。

このような人は、自分の意見に確かな自信をもっているぶん、相手の意見にはあまり関心がないという傾向があります。

周囲の意見をいちいち確認したり、集約してひとつの方向にまとめたりする作業に、あまり必要性を感じていないかもしれません。「自分の意思だけで物事を進めたい」というのがホンネでしょう。

したがって、自分の意見について、相手に丁寧《ていねい》に説明したり、みんなの意見を聞いたりするプロセスを踏まず、結論ありきで物事を進めようとしてしまいます。

結果として、「人の言うことを聞かない」といった悪印象を、相手に与えることになるのです。

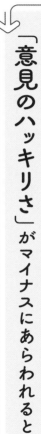

「意見のハッキリさ」がプラスにあらわれると

ではどうすれば、意見のハッキリさをプラスの出方にすることができるのでしょうか。変身のコツは、**自分の意見を「わかりやすく」説明する**ことです。

たとえば、自分の意見を主張するときは、「なぜ自分はそう思うのか」「そうするべきと考えるのか」について根拠を示すことが大切です。それは、事例でも数字でも、相手が納得しやすい材料であればなんでも構いません。

また、**自分の意見を言ったあとには、相手が意見を言う機会も設《もう》けること。**

ただ、そのときに**「私はこう思うんだけど、これについてどう思いますか？」**と言えば、相手に意見を言う機会を与えたように見えて、実際には「自分の意見について話し合う」展開へともっていくことができます。

結果として、同じ意見を主張するのでも、相手に気持ちよく賛同してもらいやすくなるのです。

「意見のハッキリさ」の出方しだいで……

誰もが納得する

周りが思ったようについてきてくれない

Point

- 話をわかりやすくするために「例《たと》え話」を用いることも有効
- **「これは例えてみると、いきなり初心者がエベレスト登山するようなものです」**など、わかりやすい例え話のストックがあるとよい

4

自分がやらないと物事が回らない

人をグングンその気にさせる

こんなことで悩んでいませんか？

- 自分は一所懸命に仕事に取り組んでいるのに、人がついてこない
- 周りの人から「やる気」「責任感」が伝わってこない
- 結果も出さずに、のうのうとしている人のことがわからない

周囲がこうでは自分がどれだけ頑張っていても、できることには限界がありますよね。

そのままの状態だと、

- チーム全体の成果が上がらない
- どんどん自分ひとりで抱え込んでしまう
- いずれは心身に支障《ししょう》をきたしてしまうかもしれない……

といった、悪い事態につながってしまうかもしれません。

変身ポイントは「向上心」

なぜそんなことが起きるのでしょうか。

それは、**変身ポイントである「向上心」がマイナスにあらわれているから**です。

「向上心」とは、現状に満足せず、より高いところを目指して努力を続けようとする気持ちのことです。また、向上心が強い人は、何事にも熱心に取り組み、労を惜《お》しみません。

ここでの悩みのように、「自分はこんなに頑張っているのに、人がついてこない」といった「向上心」がマイナスにあらわれていることも、自分にとっての大きなエネルギーにできるのです。

「向上心」がマイナスにあらわれると

では、なぜ「自分はこんなに頑張っているのに、人がついてこない」のでしょうか。向上心の強い人は、仕事をする上で「少しでもいいものを！」「もっと多くの人に喜んでもらいたい！」と熱意をもって取り組みます。したがって、同じことをするのでも、ほかの人の5倍も10倍もエネルギーを注ぐことも珍《めずら》しくありません。

しかし、**そういった自分への厳しさは、「他人への厳しさ」にもつながります。**

多くの人にとっての関心事は、「なるべく苦労したくない」「ラクにできればいい」といったこと。なぜそこまで熱心にやらなければならないのか、理解できない人もいるでしょう。

結果として、向上心の強い人は、周囲にとって「理解できない」「近寄りがたい」存在となってしまうのです。

「向上心」がプラスにあらわれると

ではどうすれば、向上心をプラスの出方にすることができるのでしょうか。

マイナスからプラスへの変身のコツは、**なぜそこまで自分が夢中になれるのかという「モチベーションの源泉《げんせん》」を伝える**ことです。

先ほど説明した通り、周囲はあなたがなぜそこまで熱心に頑張れるのか、その理由がわからないから引いてしまうのです。

そうならば、**「もっと多くの人に喜んでもらいたい」「こういうコンテンツを作りたい」**など、シンプルな表現で構わないので、あなたのモチベーションの源泉を周囲に伝えていくことです。

熱意をもって取り組むことの楽しさに気づいてもらえれば、相手の心も動くはず。

結果として、自分だけでなく周囲も取り込んで、チーム全体のモチベーションを高めていくことができるのです。

「向上心」の出方しだいで……

チーム全体で高いモチベーションに！
ひとりで抱え込んでしまう

Point

- 厳しいことを言いたくなったときも、直接的な表現や否定的な表現を、優しい表現や肯定的な表現に変えてみる
- 「それじゃあダメ！」→**「それはちょっと惜しい！」**と言えるくらい余裕をもつこと

5

漠然とした不安がいろいろある

いつもイキイキと活躍できる

こんなことで悩んでいませんか？

- やると決めたのに、なかなかやる気が出てこない
- 精力的に打ち込めるものが、見つからなくなった
- これまで高く維持してきたモチベーションが、唐突に消えた

誰しも唐突に、こういった状況に陥《おちい》ってしまうことがあります。

そのままにしていると、

- 毎日を無為《むい》に過ごしてしまう
- 自分に自信がもてない
- どんどん無気力状態に陥ってしまう
- 人生が楽しくない……

といった、悪い事態につながってしまうかもしれません。

変身ポイントは「目標の立て方」

なぜそんなことが起きるのでしょうか。

それは、変身ポイントである「目標の立て方」がマイナスにあらわれているからです。

目標とは、「こうなりたい」「これを達成したい」といったゴールのこと。

くわしくは後述しますが、目標の立て方には、大きく分けて「逆算型」と「積み上げ型」の2通りがあります。

目標の立て方を少し工夫するだけで、「やる気が出ない」「打ち込めるものが見つからない」といったマイナスの状態も、自分にとっての大きなエネルギーにできるのです。

「目標の立て方」がマイナスにあらわれると

では、なぜ冒頭の悩みのような状態に陥ってしまうのでしょうか。

このような人は、将来の目標を「逆算型」で立てていることがほとんどです。

逆算型とは、「こうなりたい」「これを達成したい」という目標を先に設定して、そこから逆算するように「今何をするべきか」を考え、行動していくこと。

多くのビジネス書が勧《すす》める通り、賢明なやり方ではありますが、実はこの方法には大きな弱点があります。


というのも、まず目標が見つからなければ前に進めませんし、仮に見つかってもそれを達成する方法がわからなければ、立ち止まってしまうということです。

結果として、「逆算型」では立ち行かなくなってしまうことが少なくないのです。

「目標の立て方」がプラスにあらわれると

ではどうすれば、目標の立て方をプラスの出方にすることができるのでしょうか。

マイナスからプラスへの変身のコツは「積み上げ型」で考えること。

つまり、「今」にフォーカスして、「今やりたいこと」「今やれそうなこと」にどんどん挑戦していくということです。

「将来どうなるか」や「これまで自分が何をやってきたか」は度外視《どがいし》して大丈夫。思いつきでもいいのでやってみることです。

その中で、ひょっとしたら、誰かから「助かったよ」「ありがとう」と好感を得ることがあるかもしれません。

誰かにほめられることは、やる気につながります。「楽しかったこと」「ほかの人からほめられたこと」にどんどん注力していきましょう。

「逆算型」では見えなかった、新しい自分に気がつくはずです。

「目標の立て方」の出方しだいで……

+
何事にもエネルギッシュに！
なんだかあまり楽しくない
－

Point

- 目標がその時々で変わるのは仕方のないこと
- 周囲に「あの人、また違うこと（ゴール）を言っている」と非難されても、過度に気にしない
- **「うかつでした。たしかにそんなこと言っていましたね」**と軽く受け流せるように

2章

親しみやすくて、信頼してもらえる

――「共感力」を10倍魅力的に見せる方法

「共感力」で魅せるために

「共感力」とは、相手の心に寄り添《そ》って考え、行動する力のこと。

このタイプの人は、何事も気持ちよく進められるよう細やかな配慮ができるため、次のような特徴があります。

- 「空気を読む力」に長けている
- 対応が懇切《こんせつ》「丁寧」
- 「人当たり」がよく、すぐに打ち解ける
- 穏やかで、「マイペース」
- 何事にも前向きに取り組む「モチベーション」がある

こういう特徴がいい形であらわれていると、

⇩新しい環境にもすんなりと受け入れられる
⇩効果的な言葉をサラリとかけられる
⇩面白いほど会話が弾む
⇩相手とペースが合う
⇩目標・ノルマを次々と達成していける

という「いい循環」を巻き起こす、魅力的な存在になります。

優しくて思いやりが深い人、細かい気くばりができるタイプの人たちはみな、「共感力」を上手に活かしているのです。

一方で、この特徴が裏目に出てしまうと、相手を思ってやっていることが、一方で自分の首を絞《し》めることにつながりかねません。

- 寛容で察《さつ》する力に長けているが、自分の意見が言えない……
- 相手を優先するあまり、自分を後回しにしてしまう……

こういったことに心当たりはありませんか。

「共感力」を活かして、より魅力的で活躍できるようになるにはどうすればいいのでしょうか。

具体的な例をあげながら、見ていきましょう。

「共感力」を活かしている人

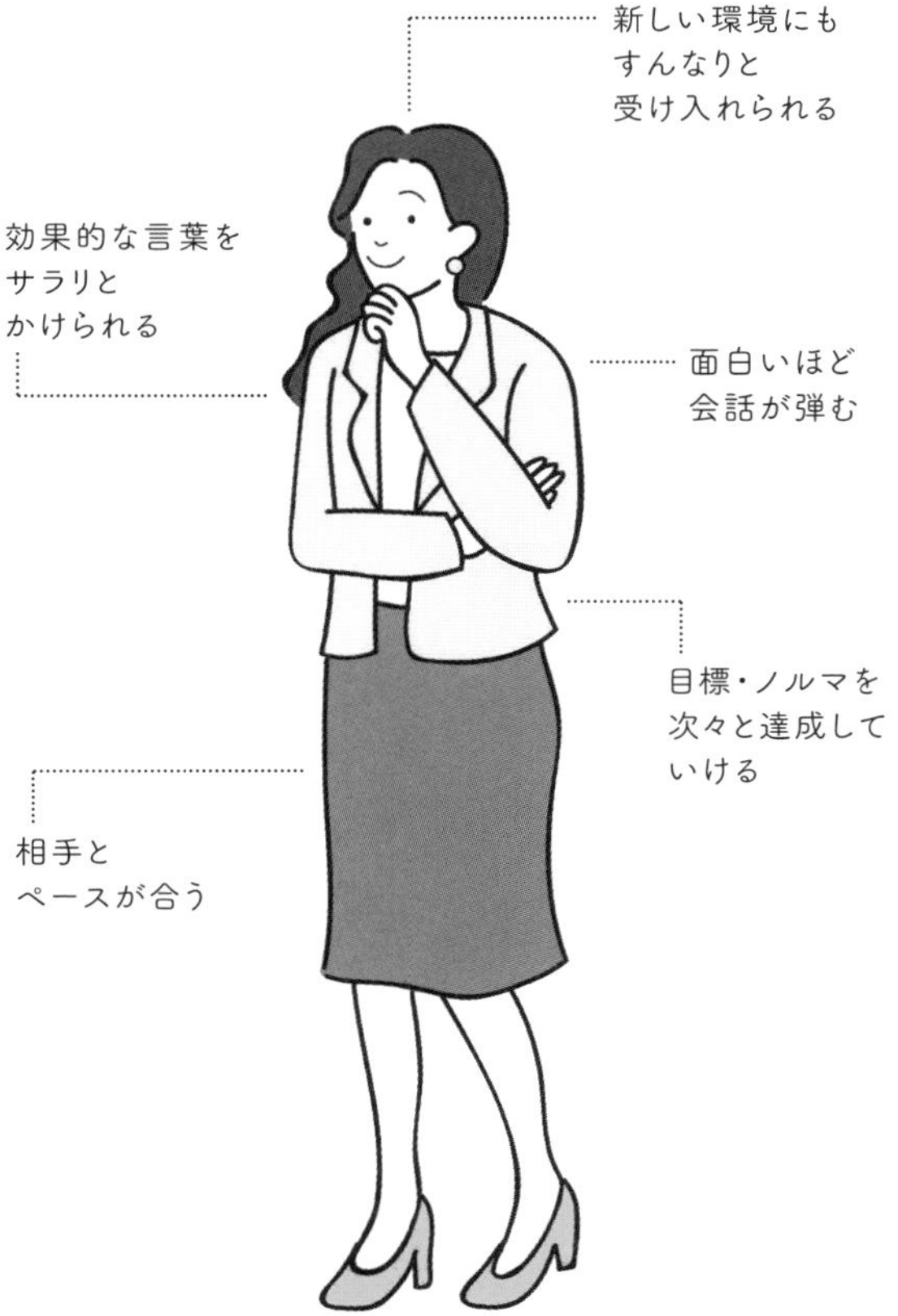
新しい環境にも
すんなりと
受け入れられる
効果的な言葉を
サラリと
かけられる
面白いほど
会話が弾む
目標・ノルマを
次々と達成して
いける
相手と
ペースが合う

人から意見を求められるのが苦手

1 みんながいろいろ相談してくる

こんなことで悩んでいませんか？

- 「自分の意見」をもつことが苦手
- 「○○さんはどう思う？」と聞かれて、頭が真っ白になる
- 「もっと具体的に言ってよ」と言われたことがある

「唐突にコメントを求められても月並みなことしか言えない……」「そもそも、しっかりとした自分の意見がない……」――そんな人は珍しくありません。

そのままにしていると、

- 他人の意見に流されやすくなる
- 言われたことだけをやる「指示待ち」になってしまう
- 「消極的」「主体性に欠ける」と思われる……

といった、悪い事態につながってしまうかもしれません。

変身ポイントは「共感力」

なぜそんなことが起きるのでしょうか。

それは、変身ポイントである「共感力」がマイナスにあらわれているからです。

「共感」とは、人との情緒《じょうちょ》的なつながりを重視し、何事も相手の気持ちに寄り添って考えることです。「共感力」の高い人は、相手の身に起きたことでも、まるで自分のことのように喜んだり、悲しんだりすることができます。

ここでの悩みのように、「自分の意見をもつのが苦手」「他人に流されやすい」といった「共感力」がマイナスにあらわれていることも、自分にとっての大きなエネルギーにできるのです。

「共感力」がマイナスにあらわれると

では、なぜ「自分の意見をもつのが苦手」になってしまうのでしょうか。

それは、**どのようなときも相手の考え方にウンウンと納得してしまい、「自分自身はどう思うのか」を、深く掘り下げないクセがついているから**かもしれません。

たとえば、誰かから悩み事の相談を受けたとき。

共感力が高い人は、「大変だったでしょう」「よく頑張ったね」などと、温かい言葉をとっさにかけることができるので、相手に喜んでもらうことはできます。

ただ、その一方で、何かアドバイスを求められて困った経験はありませんか。

「自分はどう思うか」がハッキリしていなければ、具体的なアイデアを出すのも難しいというもの。

とりわけ、ビジネスの局面では、自分なりの意見や提案がなければ、なかなか評価には結びつきにくいものです。

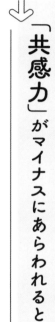

「共感力」がプラスにあらわれると

ではどうすれば、共感力をプラスの出方にすることができるのでしょうか。

マイナスからプラスへの変身のコツは「意見を言う練習をする」こと。

共感を示したあとに必ず、**「～してみたら？」「～しましょうか？」**と、提案で締める形にするのです。

最初は簡単な提案で構いません。「連日、残業続きでまいったよ」「昨晩は子どもが急に熱を出しちゃって……」という人がいれば、**「疲れているでしょう。お茶でも買ってきましょうか？」**とさりげなく言ってみるのです。

慣《な》れてきたら、知人から相談をもちかけられたり、会社の会議などで発言の機会が与えられたりしたときも、一歩踏み込んで**「それだと、こう考えるといいかもね」「仮にこうしてみてはどうでしょうか」**と提案してみましょう。提案せざるを得ない状況に身を置けば、「自分なりの意見」を出す力も自然と身についてくるものです。

「共感力」の出方しだいで……

+
解決の後押しもできる
優しく聞いてくれるだけ
−

Point

- 共感力の最終形は「本質的なことまで理解する」こと
- 本質的な理解を示す方法として、自分の理解を要約するとよい
- **「つまり、〇〇ということでしょうか」**と言葉にすれば、相手に一層伝わりやすくなる

2

人にすんなりと受け入れられる

ホンネをつい飲み込んでしまう

こんなことで悩んでいませんか？

- わからないことがあっても、人に聞くことが苦手
- できそうもない頼まれ事を、安請《やすう》け合《あ》いしてしまう
- 上司に「わかった？」と聞かれたら、反射的に「大丈夫です」と答えてしまう

相手に悪く思われたくないという思いからか、なんとかその場だけを取り繕《つくろ》ってしまい、あとで大変な目にあうことはありませんか。

そのままにしていると、

- ついつい自分を後回しにしてしまう
- やらなければならないことが山積みになる
- 結局自分の手に負えず、相手に迷惑をかけてしまう……

といった、悪い事態につながってしまうかもしれません。

変身ポイントは「空気を読む力」

なぜそんなことが起きるのでしょうか。
それは、変身ポイントである「空気を読む力」がマイナスにあらわれているからです。

「空気を読む力」とは、その場の状況から、自分に期待されていることを推《お》し量《はか》ったり、相手の仕草や言葉から、相手の心の中を感じ取る力のことです。

ここでの悩みのように、「自分を後回しにしてしまう」「つい引き受けてしまう」といった「空気を読む力」がマイナスにあらわれていることも、自分にとっての大きなエネルギーにできるのです。

「空気を読む力」がマイナスにあらわれると

では、なぜ「自分を後回しにしてしまう」「つい引き受けてしまう」のでしょうか。

このような人は、「空気を読む力」に長けており、自分のことよりも、その場の空気を乱さないことを優先する傾向にあります。

通常であれば、何かについて「わかった？」と確認された場合は、返事をする前に自分がどれだけ理解できているかを確かめるはずです。「これ、お願いできる？」と聞かれたら、自分にそれを果たすだけの能力や余裕があるかを、まず確認するでしょう。

しかし、冒頭のような悩みを抱えがちな人は、**その場の「空気を読む」ことを優先して、つい相手の期待に沿《そ》った返事をしてしまいます。**

結果として、引っ込みがつかなくなり、自分で自分の首を絞めることになってしまうのです。

「空気を読む力」がプラスにあらわれると

ではどうすれば、空気を読む力をプラスの出方にすることができるのでしょうか。

マイナスからプラスへの変身のコツは**「その場で質問をする」**こと。

「ノー」とストレートに断りづらいのなら、「イエス」と返事しても構いません。ただ、**そのあとに必ず「質問」をするようにする**のです。

たとえば「これ、わかった?」と聞かれた場合は、**「はい、大体はわかりました。ただ、○○について、もう少しくわしく教えていただけませんか」**という具合です。

また、無理な頼み事をもちかけられた場合も、**「はい、わかりました。ただ、今やっている仕事が片づいてからでもよろしいですか?」**と聞いてみましょう。

これだと「断った感」がないので、相手も悪い気はしません。むしろ**普通に「はい」と答えるよりも、積極的な印象さえあります。**空気を読みつつ、自分も大切にすることができる言い方を、ぜひ試してみてください。

「空気を読む力」の出方しだいで……

+
やわらかくホンネが言える
つい相手に合わせ過ぎてしまう
−

Point

- 状況に応じて相手にサッと質問をするためには「語彙《ごい》」が不可欠である
- サッと質問が出てこないケースは、実は語彙が少ないことにも原因がある
- 日頃の会話やネット記事、読書などの中で、気になった言葉があれば意味を調べて、使えるようにしておくとよい

3

話や説明が長くなりがち

心にグサッとくる言葉をサラリとかけられる

こんなことで悩んでいませんか？

- 一所懸命に説明したつもりなのに「君の話はよくわからない」と言われた
- 相手の質問に答えたはずが、「○○について聞いたんだけど？」と聞き返されることがある

配慮したつもりが、ソフトな言い方になり過ぎて伝わらないことがあります。

そのままにしていると、

- 言いたいことが伝わらない
- 話を全部聞いてもらえない
- 「要領が悪そう」「仕事ができなそう」と誤解されかねない……

といった、悪い事態につながってしまうかもしれません。

変身ポイントは「丁寧さ」

なぜそんなことが起きるのでしょうか。

それは、変身ポイントである「丁寧さ」がマイナスにあらわれているからです。

「丁寧さ」とは、何事に取り組む上でも、ミスや粗相《そそう》がないよう細心《さいしん》の注意を払い、時間をかけて着実に進めていく姿勢のこと。

仕事が丁寧な人は、たとえ自分が忙しくても相手の立場に立って、少しでも助けになれるよう思いやることができます。

ここでの悩みのように、「話がうまく伝わらない」「要領が悪いと思われる」といった「丁寧さ」がマイナスにあらわれていることも、自分にとっての大きなエネルギーにできるのです。

「丁寧さ」がマイナスにあらわれると

では、なぜ「話がうまく伝わらない」のでしょうか。

それは、いろいろと「気にし過ぎ」ているからかもしれません。

たとえば、誰かと話をするとき、「このことも言っておいたほうがいいだろう」「誤解されないように、あのこともつけ加えておこう」と、相手の受け取り方を必要以上に気にしてしまうことはありませんか。

そのような気持ちが強いと、**つい言葉を余計に加えてしまったり、いろいろ言おうとして話の本筋から外れてしまったり**します。

結果として、配慮の気持ちからやっていることが、かえって相手には「何が言いたいんだろう」「聞きたいことと違う答えが返ってきた……」というふうに伝わり、しだいにイラつかせてしまうことにつながるのです。

「丁寧さ」がプラスにあらわれると

ではどうすれば、丁寧さをプラスの出方にすることができるのでしょうか。

マイナスからプラスへの変身のコツは**「スッキリと伝える練習をする」**こと。

「結論から話す」「話のポイントをまず伝える」といった方法も効果的ですが、気にしやすい人にとっては、それだと話し方ばかりに気をとられ、肝心の話の内容がおろそかになってしまいかねません。

そこで、**「音声日記をつける」**ことをオススメします。

スマートフォンの録音機能などを活用して、仕事のことでもプライベートのことでも構わないので、その日の「日記」に書くことを3分以内で話してみるのです。

ちょっとした緊張感があるので、続けるうちに、話をまとめたり、筋道を立てて話したりする能力が磨かれていきます。「丁寧さ」が持ち前のあなたですから、コツがわかれば、配慮の行き届いた気持ちのいい話し方になることでしょう。

「丁寧さ」の出方しだいで……

相手の求めるところが
よくわかる
全部言おうとしてまとまらない

Point

- 「何を伝えたいのか」を端的にまとめる力をつけよう
- たとえば、新聞記事やネットニュース記事に、「自分なりの見出し」をつけるトレーニングが有効
- 30記事ほど試してみると、まとめる力がアップしているはず

話題づくりに苦労する

4 面白いほどルンルン会話が弾む

こんなことで悩んでいませんか？

- 友達同士だと会話が盛り上がるのに、「職場の人」とはなぜか盛り上がらない
- 場を盛り上げようと頑張っても、空回りすることがある
- 「話がズレている」「かみ合わない」と言われたことがある

雑談といっても、プライベートの友達同士でする雑談と、職場の相手とする雑談では、似て非なるもの。

悩みをそのままにしていると、

- 仕事に行くのがつまらなくなる
- 職場の人たちと距離が縮まらない……

といった、悪い事態につながってしまうかもしれません。

変身ポイントは「人当たりのよさ」

なぜそんなことが起きるのでしょうか。

それは、**変身ポイントである「人当たりのよさ」がマイナスにあらわれている**からです。

人当たりがいい人には、周囲が好意をもって近づいてきます。

したがって、本来であれば、誰とでもすぐに打ち解けることができ、スムーズに関係を深めていくことができます。

ここでの悩みのように、「職場の人と会話が弾まない」といった「人当たりのよさ」がマイナスにあらわれていることも、自分にとっての大きなエネルギーにできるのです。

「人当たりのよさ」がマイナスにあらわれると

では、なぜ「友達と違い、職場の人との距離がなかなか縮まらない」のでしょうか。

それは、人当たりのよさを気にするあまり、**話の中身より会話の雰囲気にとらわれてしまう**からです。

肝心の会話の内容にはあまり踏み込まず、「うん、そうですね！」「いいですね！」といった答え方が多くなってしまいます。

たしかに感じはいいのですが、相手によっては、少々物足りなく感じることもあるでしょう。

気の置けない友人同士なら、このような返し方でも会話は弾むかもしれませんが、数回しか会ったことない相手や仕事関係の相手には、うわすべりな印象を与えかねません。

「人当たりのよさ」がプラスにあらわれると

ではどうすれば、人当たりのよさをプラスの出方にすることができるのでしょうか。

マイナスからプラスへの変身のコツは**「話のメインストリーム（主題）をしっかりと押さえる」**ことです。

会話中は「今どんな話をしているのか」「自分は何を聞かれているのか」など、話の大筋を、常に頭の片隅《かたすみ》に置いておくのです。

そして、「そうですね！」「いいですね！」と返事するだけでなく、

「自分はどう思うのか」

「なぜいいと思ったのか」

も追加で説明してみましょう。

こうすることで、話のメインストリームは押さえつつ、快適な「大人の雑談」が始まることでしょう。

「人当たりのよさ」の出方しだいで……

誰からでも受け入れて
もらいやすい
うわすべりな印象に……

Point

- 相手の話題に乗ると会話は弾む
- そのテクニックは「質問返し」。相手から質問されたら、ただ答えるだけでなく、相手の話題の範囲内で質問を返してみる
- 「パリに行ったことはありますか?」**「行ったことはないですが、ルーブル美術館ってすごいらしいですね」**など

5

「報・連・相」のタイミングに迷う

どんな相手でも、ペースをピッタリと合わせられる

こんなことで悩んでいませんか？

- 上司に「報連相が遅い」と注意される
- 「あの件、どうなった？」「そんなこと聞いていないぞ」と言われることがある
- 相談したのに「まずは自分で考えろ」と突き返された

「報連相」（報告・連絡・相談）は仕事を円滑に進める上で基本的なスキルです。しかし、意外と奥が深く、悩みが絶えないのも事実です。

そのままにしていると、

- 報連相そのものが億劫《おっくう》になる
- 上司から「あれどうなった？」「これはまだ？」とせっつかれやすくなる
- 大きなミスやトラブルにつながりかねない……

といった、悪い事態につながってしまうかもしれません。

変身ポイントは「マイペース」

なぜそんなことが起きるのでしょうか。

それは、**変身ポイントである「マイペース」がマイナスにあらわれている**からです。

「マイペース」とは、何事に取り組む上でも、自分なりに順序を組み立ててこなしていこうとする姿勢のこと。マイペースな人は、誰にも干渉《かんしょう》されない環境で、自分ひとりでじっくりと取り組めるときに、力を最大限に発揮することができます。

ここでの悩みのように、「報連相が遅くなってしまう」「相談したのに注意されてしまった」といった「マイペース」がマイナスにあらわれていることも、自分にとっての大きなエネルギーにできるのです。

「マイペース」がマイナスにあらわれると

まずは、なぜ「報連相がうまくいかない」のか、ということからお話ししていきましょう。

このような人は、何か仕事を任されたときでも、催促《さいそく》されたりせっつかれたりすることを好まず、自分のペースで落ち着いて取り組んでいくことを好みます。

したがって、報連相が大切だとわかっていても、**「ここまでできたら報告しよう」**や**「あの件もまとめて、一度に相談してしまおう」**などと、自分だけの判断で決めてしまう傾向があるのです。

上司にしてみれば、なかなか連絡がないので、やきもきしてしまいます。

しびれを切らして上司側から確認してみると、すでに報告するべきタイミングを逸《いっ》しており、事態が悪い方向へ向かっていた……ということも少なくないでしょう。

「マイペース」がプラスにあらわれると

ではどうすれば、マイペースをプラスの出方にすることができるのでしょうか。

マイナスからプラスへの変身のコツは「スピーディーさ」です。

どんな状況であれ、とにかくすぐに報連相することを心がけるのです。

本来であれば、報告する際は、ただ「現状」を伝えるだけでなく、「今後の見通し」や「それにどう対処するつもりか」なども盛り込みたいところですが、このような人の場合は、それでは肝心の報告が遅くなりかねません。「現状」だけでも構わないので瞬時に報告するのです。

上司に「どう対処するつもり?」「まずは自分で考えて」などと言われたら、「**まだ検討中ですが、厳しい状態にあることは間違いないので、先にご報告しました**」と返せばいいでしょう。その上で、じっくりと考えて進めていくのです。自分のペースを保ちつつ、ほかの人ともうまく歩調を合わせられるオススメの方法です。

「マイペース」の出方しだいで……

期限を守り、相手の信頼を
得られる

「あれどうなったの？」と
言われてしまう

Point

- たとえミスやトラブルの報告でも、言い方ひとつで相手の受け取り方は変わるもの
- プラスアルファで「反省していること」や「今後の対応」について触れられると一層よい

6

周囲からの期待が重過ぎる

どんな目標・ノルマでも次々と達成していける

こんなことで悩んでいませんか？

- 目標を立てても「三日坊主」になりやすい
- 始める前から「どうせ自分には……」と早々にあきらめてしまう
- 一度引き受けたけど「結局できませんでした」とあとから断ったことがある

といった「あきらめグセ」がついてしまっていませんか？
こういったことをそのままにしていると、
- 夢や目標を実現できない
- 自分に自信がもちづらくなる
- かえって相手に迷惑をかけてしまう……

といった、悪い事態につながってしまうかもしれません。

変身ポイントは「モチベーション」

なぜそんなことが起きるのでしょうか。
それは、変身ポイントである「モチベーション」がマイナスにあらわれているからです。

「モチベーション」とは、夢や目標の実現に向けて、精いっぱい取り組む気持ちのこと。モチベーションが高い人は、たとえ実現困難な状況にあっても、最後まであきらめずにやり遂げようとします。

ここでの悩みのように、「あきらめが早い」「最後までやり切らない」といった「モチベーション」がマイナスにあらわれていることも、自分にとっての大きなエネルギーにできるのです。

「モチベーション」がマイナスにあらわれると

では、なぜ「あきらめが早い」のでしょうか。

それは、結果よりも「自分の気持ち」に重きを置いているからかもしれません。

何かに取り組みながら、**「自分なりのベストを尽くせばいい」「その姿勢だけでも評価してもらえるはずだ」**と考えるクセはありませんか。

たとえ、それが仕事などで、一度は自分が引き受けた案件だったとしてもです。

相手としては、引き受けてくれたからには、最後まで責任をもってやり切ってくれるだろうと期待していたはず。それが裏切られた形になってしまいます。

結果として「モチベーション」がマイナスにあらわれると、中途半端なところで挫折してしまい、それまで頑張ったぶんも報われず、いろいろと損することになってしまいます。

「モチベーション」がプラスにあらわれると

ではどうすれば、モチベーションをプラスの出方にすることができるのでしょうか。

マイナスからプラスへの変身のコツは、まずは「自分で目標を作る」ことです。

誰かから任されたり、頼まれたりしたものではなく、「私は○○を達成する」と自分自身で決めて取り組みます。そうすれば、途中で折れずに最後までやり切る力が湧《わ》いてくるはずです。

また、挫折しそうなときこそ、**「私は○○を頑張る！」**と、**自分で決めた目標を誰かに伝える**のです。

「目標を紙に書き出して、自分の部屋に貼っておく」というようなアドバイスもあるようですが、それでは不十分。このような人の場合は、誰かに伝えて「引っ込みがつかないところまで自分を追い込む」ことで初めて、意思が固《かた》まります。

結果として、たとえハードな目標でも、粘《ねば》り強さは格段にアップするはずです。

「モチベーション」の出方しだいで……

Point

- 自分で立てた目標を他人に示すとき、つい自分にとってラクな目標を立てがち
- 周囲の人に**「私の、この目標はどうでしょうか?」**などと聞いてみるのもよい

3章

クールだけど感じがいい

――「論理力」を10倍魅力的に見せる方法

「論理力」で魅せるために

「論理力」とは、筋道を立てて考え、周囲が納得しやすい形につなげる力のこと。

このタイプの人は、客観的かつ公平に物事を判断できるため、次のような特徴があります。

- 「情報を整理」して理路整然と伝える
- どうしたいか、何がやりたいかという「自分の指針」をもっている
- いつも「冷静」
- 物事を「合理的」に進める
- 周囲に「流されない」

こういう特徴がいい形であらわれていると、

⇓込み入った問題もサッと解決できる
⇓人からすんなり信頼を得られる
⇓落ち着いた態度が安心感を与える
⇓いざというとき、人に手を貸してもらえる
⇓確実に物事を進めていく

という「いい循環」を巻き起こす、魅力的な存在になります。
いつも冴《さ》えている人、感情的になったりあわてたりしない人はみな、「論理力」を上手に活かしているのです。

一方で、この特徴が裏目に出てしまうと、配慮に欠ける冷たい人という印象を周囲に与えかねません。

○感情表現に乏《とぼ》しく、とっつきにくい……
○自分の言いたいことをズバズバと口にしてしまう……

こういったことに心当たりはありませんか。

「論理力」を活かして、より魅力的で活躍できるようになるにはどうすればいいのでしょうか。

具体的な例をあげながら、見ていきましょう。

「論理力」を活かしている人

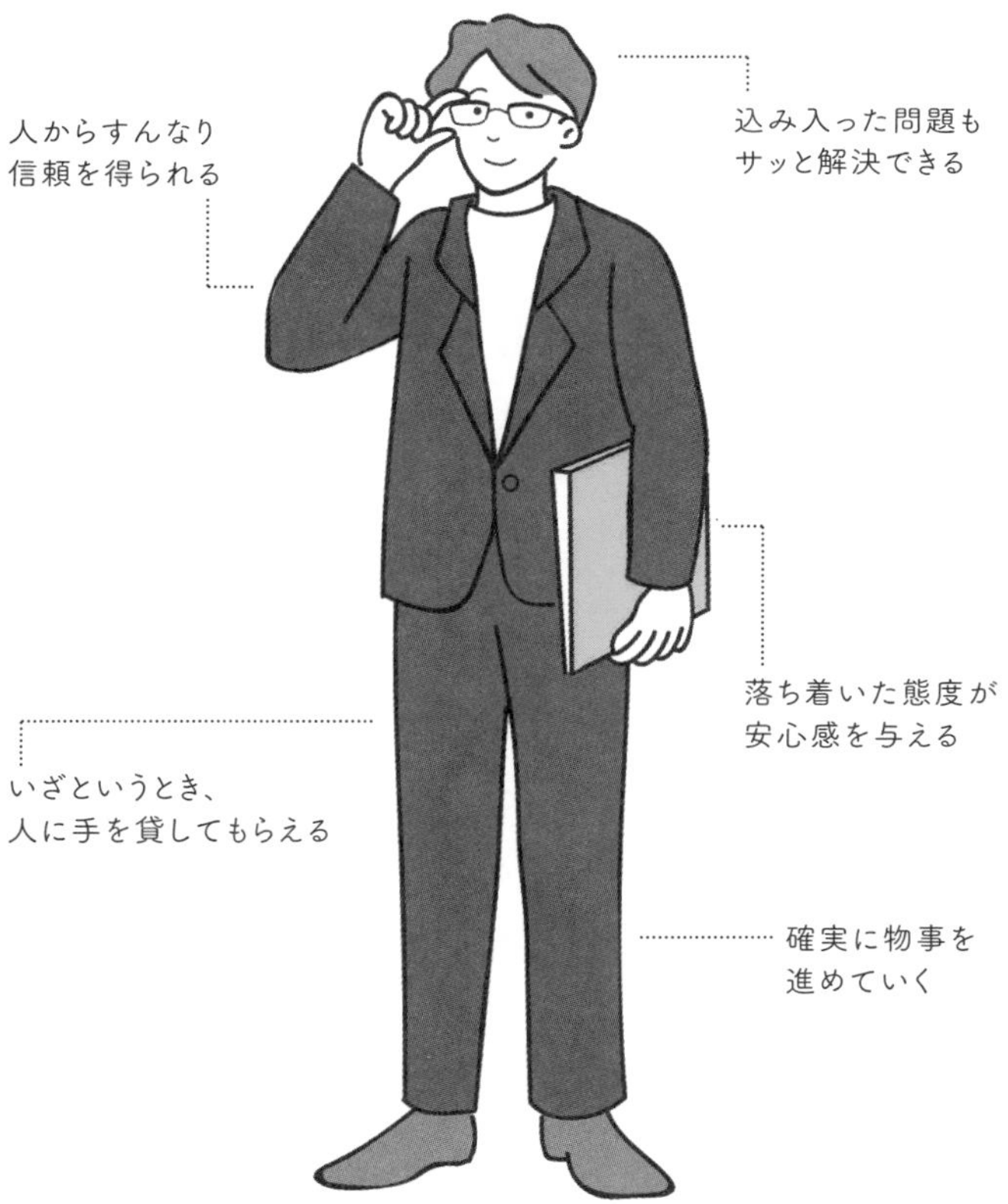
人からすんなり
信頼を得られる
込み入った問題も
サッと解決できる
落ち着いた態度が
安心感を与える
いざというとき、
人に手を貸してもらえる
確実に物事を
進めていく

1

なんでも合理的に考え過ぎ

悩みを聞いてサッと解決できる

こんなことで悩んでいませんか？

- 相談に乗るのが苦手
- 悩みの相談に乗ったのに、なぜかその人との関係がギクシャクしてしまった
- 「言っていることは正論だけど……」と言われたことがある

「聞かれたから答えたのに、どうして不満に思われるのだろう」「相手が理不尽なのではないか」と、思うかもしれませんね。しかし、「自分は間違ったことは言っていないわけだし……」とそのままにしていると、

- 「頭はいい。でも、心は冷たい」というレッテルを貼られる
- 誤解が解けないまま、関係が冷えていく
- 周囲からけむたがられる……

といった、悪い事態につながってしまうかもしれません。

変身ポイントは「情報整理能力」

なぜそんなことが起きるのでしょうか。

それは、変身ポイントである「情報整理能力」がマイナスにあらわれているからです。

「情報整理能力」にすぐれた人は、物事の内容を細かく分けて考えることができます。他人の悩みを聞けば、「これが悩みの本質」「これがその原因」と的確に分けることができ、「こうすれば解決できる」と、素早く正解に到達することができるのです。

ここでの悩みのように、「冷たい」「心ない」と思われやすいといった「情報整理能力」がマイナスにあらわれていることも、自分にとっての大きなエネルギーにできるのです。

「情報整理能力」がマイナスにあらわれると

では、なぜ「冷たい」「心ない」と思われてしまうのでしょうか。

相手の相談を受けてから素早く解決策を提案できること自体は、素晴らしい能力です。

ただ、問題が生じるのは、正解を得たあとです。

相手の悩み解決に対する関心が大きいせいか、「どんな言葉で伝えれば、相手の心に届くのか」といった、伝え方がおろそかになってしまいます。つまり、思ったことをそのまま口にしてしまう傾向があるのです。

相手が相談をもちかけてきたということは、相手はなんらかの悩みや不安を抱えているということ。不安でいっぱいの心は特に繊細《せんさい》で、ちょっとした言い方の違いで傷ついてしまうものです。結果として、正解にズバリいきつく能力が、かえってマイナスに働いてしまうのです。

「情報整理能力」がプラスにあらわれると

ではどうすれば、情報整理能力をプラスの出方にできるのでしょうか。マイナスからプラスへの変身のコツは**「相手の視点に立って、言い方を工夫する」**ことです。

このような人は、持ち前の「情報整理能力」から、なるべくわかりやすく客観的に物事を伝えようとしてしまいがちです。しかし、時にはぼんやりとした伝え方をするほうが好まれる場合もあります。特にこのような、悩み事の相談など、デリケートな問題に答える場合はそうでしょう。

具体的な言い方としては、「〜という理由から失敗したのだと思います」ではなく、**「〜だから、うまくいかなかったのかもしれないね」**。「〜するしかないよ」ではなく、**「〜するといい感じがする」**といった具合です。

まったく同じアドバイスをするにしても、言葉がやわらかくなるだけで、相手の心にもやわらかく届くようになるものです。

「情報整理能力」の出方しだいで……

相手の心にやわらかく届く
もっともな正論だが冷たい

Point

- 自分の価値観や経験にのみ基づいて答えると、相手に不満をもたれやすい
- 自分の「経験外」の情報についても加味《かみ》すること
- そのためには、あらかじめ**「私個人的には……」**と断ったり、最後に**「それ以外にも考え方はあるかもね」**とつけ加えたりするとよい

2

根回しするのがうまくない

人からすんなり信頼を得られる

こんなことで悩んでいませんか？

- 提案しても、すんなりと通らないことがある
- 相手の反対意見を受け入れられず、話がまとまらない
- 懸命に説得しても、なかなか首をタテに振ってもらえない

自分の提案が反対にあったことで、つい自分も意固地《いこじ》になってしまい、物事が行き詰まってしまう……といったことはありませんか。こうなれば建設的な議論が望めず、最終的には互いに不満が残ることになってしまいます。

このようなことをくり返していると、

- 時間をかけて検討したアイデアがムダになってしまう
- 相手との関係が悪くなり、ますます提案が通りにくくなる……

といった、悪い事態につながってしまうかもしれません。

変身ポイントは「自分の持ち方」

なぜそんなことが起きるのでしょうか。

それは、変身ポイントである「自分の持ち方」がマイナスにあらわれているからです。

自分を持っている人は、「自分はどうしたいのか」という方向性や、「なぜそうしたいと思うのか」という根拠が明確です。

考えることや主張することの一つひとつにきちんと筋道が通っているので、本来であれば、周囲から納得されやすいはずです。

ここでの悩みのように、「意固地になってしまう」といった「自分の持ち方」がマイナスにあらわれていることも、自分にとっての大きなエネルギーにできるのです。

「自分の持ち方」がマイナスにあらわれると

では、なぜ「ついつい意固地になってしまう」のでしょうか。

それは、あまりに自分を強く持ち過ぎると、自分と異なる意見や価値観を受け入れるのが難しくなってしまうからです。

そうなれば、自分の意見は「通るのか」「通らないのか」という、非常に視野の狭い考え方をしてしまうことになります。本来であれば、相手の反対意見も受け入れてよりよい方向を探るといったことも可能なはずです。


もし自分が相手より上の立場にいれば、意見を無理やり押し通すこともできるかもしれません。しかし、逆の立場であれば、そうはいきません。自分の意見は通らず、そのやり方で怒った相手とのギクシャクした関係だけが残ってしまうことになりかねないのです。

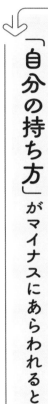

「自分の持ち方」がプラスにあらわれると

ではどうすれば、自分の持ち方をプラスの出方にすることができるのでしょうか。

マイナスからプラスへの変身のコツは「全部ではなく、一部だけを議論する」ことです。

反対の意見に対して、それでも自分の意見を全部通そうとするからうまくいかなくなるのです。

そんなとき、次のように言ってみてはどうでしょうか。

「まず、この点だけを議論させてください」

「この部分は、私の提案の方向性ではいかがでしょうか」

ここで、自分の意見の中でも、最も自信がある部分を改めて提案するようにします。

こうすることで、次の段階へ進むモードへと移ることができます。こちらが一歩譲歩《じょうほ》する構えを見せたぶん、相手も考え直す可能性が出てくることでしょう。

「自分の持ち方」の出方しだいで……

相手に受け入れてもらいやすくなる

視野が狭くなる

Point

- 「自分の考えをしっかり持つ」ことには、視野や関心の幅が狭くなりやすいというデメリットもある
- 「相手の言う通りにやってみる」ことも成長につながる
- 自分の思う通りにならなかったときは、「知見を増やすチャンス」と考えれば切り替えやすい

3

第一印象で損しやすい

落ち着いた態度でじっくりと関われる

こんなことで悩んでいませんか？

- 「表情が少ない」「何を考えているかわからない」と言われる
- 感情豊かな人とつき合っていると疲れてしまう
- 「とっつきにくい人」と思われ、なかなか親しくなれない

自分ではいたって普通に振る舞っているつもりなのに、「何を考えているかわからなくて、とっつきにくい」と言われたことはないでしょうか。

「そう思われても困らないし、まあいいか」とそのままにしていると、

- 他人の感情をくみ取るのが苦手になる
- 大切な相手にもうまく感情を表現できない……

といった、悪い事態につながってしまうかもしれません。

変身ポイントは「冷静さ」

なぜそんなことが起きるのでしょうか。

それは、変身ポイントである「冷静さ」がマイナスにあらわれているからです。


ここでの「冷静さ」とは、何事にも動じない態度をいいます。

「冷静さ」を保つのが得意な人は、感情を高ぶらせたり状況に一喜一憂したりせず、常に平常心で物事に対処することができます。

「冷静さ」は、トラブル発生などのまさかの事態においては、誰よりも適切に対処できる、素晴らしい能力です。


ここでの悩みのように、「感情表現が苦手」といった「冷静さ」がマイナスにあらわれていることも、自分にとっての大きなエネルギーにできるのです。

「冷静さ」がマイナスにあらわれると

では、なぜ「感情表現が苦手」になってしまうのでしょうか。

冷静さを保つのが得意な人は、よくも悪くも「外から感情が見えにくい」という特徴があります。

多くの人にとって、感情を読みにくい相手と会話するのは、言葉の通じない相手と会話するのと同じぐらい緊張するものです。

当然ですが、人は、自分が楽しいときに一緒に楽しんでくれて、悲しいときに親身に寄り添ってくれる「感情のキャッチボール」をくり返すことで、親近感や信頼感が育っていきます。

トラブルも何もないごく平穏な日常の場では、「冷静さ」は、周囲から距離を置かれてしまう、やっかいな能力でもあるのです。

「冷静さ」がプラスにあらわれると

ではどうすれば、冷静さをプラスの出方にすることができるのでしょうか。

マイナスからプラスへの変身のコツは、**最高の笑顔を浮かべている自分の写真を一枚用意して、スマホやケータイの待ち受け画面として設定しておく**ことです。

「笑顔の練習」をするという方法もありますが、このような人にとってはあまり向いていません。いきなり四六時中、笑顔を意識するのは難しいでしょうし、無理に意識してもぎこちない顔になってしまうというものです。

そこで、待ち受け画面に自分の笑顔を設定しておき、特に人に会う前には意識して眺《なが》めるようにするのです。

こうすることで、自分の表情を客観的にとらえることができます。

自分の豊かな表情がいかに好印象か、気づかされるのではないでしょうか。

「今」の顔も、そのときの最高の笑顔に自然と近づいていくはずですよ。

「冷静さ」の出方しだいで……

+

落ち着いた雰囲気で
相手をリラックスさせる

会話がしづらい

−

Point

- 人は、思いのほか表情だけでジャッジされているもの
- やわらかい表情をつくるのが苦手なら、「うなずき」という手段もある
- 「固い表情×深いうなずき」は、むしろ相手に大きな信頼感を与えることができ、効果的である

なんでもひとりで頑張ってしまう

4

いざというとき、サッと手を貸してくれる人がいる

こんなことで悩んでいませんか？

- 周囲に比べて、自分は親しい友達の数が少ないようだ
- この一週間、身内や仕事関係の相手としか連絡をとっていない……
- 本当に頼れる友人が欲しい

友達づき合いをおろそかにするつもりはないけれど、「仕事が忙しい」「自分ひとりでいるほうが気がラク」……とつい後回しにしにしてしまっていませんか。

そのままにしていると、

- プライベートがもの寂しくなる
- 生きた情報（世間のトレンドや話題のニュース）が耳に入りにくい
- 仕事を離れて初めて、真の友人が少ないことに気づく……

といった、悪い事態につながってしまうかもしれません。

変身ポイントは「合理性」

なぜそんなことが起きるのでしょうか。

それは、変身ポイントである「合理性」がマイナスにあらわれているからです。

「合理性」とは、あらゆる物事を最短時間・最小労力で進めていこうとする姿勢のこと。

「合理性」に富んだ人は、目的を与えられると、ムダのないルートを見つけて進めていくのが得意です。

ここでの悩みのように、「真の友人が少ない」といった「合理性」がマイナスにあらわれていることも、自分にとっての大きなエネルギーにできるのです。

「合理性」がマイナスにあらわれると

では、なぜ「真の友人が少ない」ようになってしまうのでしょうか。

合理性を追い求め過ぎると、「少し遠回りになるかもしれないが、実は重要な物事」まで、切り捨ててしまうことになります。

とりわけコミュニケーションでは、この「少し遠回りになること」が、実は最も大切だったりします。そのひとつが雑談で、生きた情報が多く含まれていますし、何より信頼関係を築くのに欠かせません。

しかし、合理的な人は、雑談のような「目的がわかりにくいもの」をつい避けて通ってしまいます。

いわば、「話しかけないで」という雰囲気が漂《ただよ》う、「しゃべらないモード」で毎日を過ごしてしまっているのです。

これではどうしても人間関係が希《き》薄《はく》になってしまいます。

「合理性」がプラスにあらわれると

ではどうすれば、合理性をプラスの出方にすることができるのでしょうか。

マイナスからプラスへの変身の方法は**「用事のない電話をかけてみる」**ことです。

いきなりいわれても、誰に？　と迷いますよね。オススメは、スマホやケータイの通話履歴を開いて、下から順に（最近、電話をかけていない人から）かけていくことです。無作為《むさくい》に相手を選ぶことになるので、いいトレーニングになります。

話題は、台風・大雨などの異常気象へのお見舞いや「体調への気づかい」など「万人に共通」のものを選べば、**「いや、○○さんのことが心配になって……」**と、どこの誰に電話をかけてもスムーズに話し始めることができます。

一見、目的がなさそうな雑談にも、「信頼関係を育てる」という目的があります。合理性に富んだ人は、その判断力から頼られやすい存在ですが、「自分から頼ってもいいのだ」と気づけば、周囲は助けをさしのべてくれるはずです。

「合理性」の出方しだいで……

Point

- 自分の成長のためにも、友人の存在は必要不可欠
- 友達づくりのキーワードは「この人といれば勉強になる」こと。少なくてもいいので、大切なことを相談できる友人がいるとよい

5

やり方を変えられない

確実に物事をコツコツ進められる

こんなことで悩んでいませんか？

- 他人のアドバイスをなかなか素直に聞けない
- 何事も「自分のやり方」で進めたい
- 自分のやり方で間違うことがあることもわかっている

仕事でも家事などでも、自分としては最善と思われる方法で進めているのに、人からあれこれと指図《さしず》を受けるのは気持ちがいいものではありませんよね。

といって、「自分のやり方」にこだわっていると、

- もっといい方法があることに気がつかない
- 先輩や指導者、パートナーとの関係がギクシャクする
- 自分のやり方を通して間違ったときに恥ずかしい……

といった、悪い事態につながってしまうかもしれません。

変身ポイントは「流されない性格」

なぜそんなことが起きるのでしょうか。

それは、変身ポイントである「流されない性格」がマイナスにあらわれているからです。

このような性格の持ち主は、周囲の影響を受けず、物事を粛々《しゅくしゅく》と続けていく力があります。また、自分なりにしっかりと考えて判断をしているので、右往左往することも少ないでしょう。

ここでの悩みのように、「他人のアドバイスを素直に聞けない」「自分が絶対に正しいと思い込んでしまう」といった「流されない性格」がマイナスにあらわれていることも、自分にとっての大きなエネルギーにできるのです。

「流されない性格」がマイナスにあらわれると

では、なぜ「他人のアドバイスを素直に聞けない」のでしょうか。

先にも述べた通り、このような人は、何をやるにしても「考え抜いて、最善策をとる」というプロセスを踏んでいます。

これは、ムダや失敗を極力減らすためです。

ただし、**考え抜いた末にとった方法が、必ずしも正しいとは限りません。**まれにうまくいかないこともあるでしょう。そのようなときに、周囲の人から「こうやったほうがいいよ」とアドバイスを受けるのです。

そのアドバイスに従って自分には不慣れなやり方でやると、一時的に能率が落ちたり、ちょっとした間違いをくり返したりしてしまいます。

このような人には、それがストレスに感じられることでしょう。結果として、「自分のやり方を変えてみる」という軌道修正が苦手になってしまうのです。

「流されない性格」がプラスにあらわれると

ではどうすれば、流されない性格をプラスの出方にすることができるのでしょうか。マイナスからプラスへの変身のコツは「自分の方法で間違った数を記録しておく」ことです。

とはいえ、1、2回ミスしたぐらいで、せっかくの「自分なりの方法」を手放す必要はありません。そのときは、たまたま注意力が欠けていたり、条件が悪かったりしただけかもしれませんから。

しかし、5回ミスが溜《た》まったら、「あれ？　自分の方法は間違っているのかな」と考えてみてはどうでしょうか。そのときこそが、他人のアドバイスを受け入れるタイミングです。この方法で「軌道修正」のスキルが身につけば、柔軟《じゅうなん》に対応できる力がつく上に流されにくくなります。こうして自分を正しい方向にどんどん変えていくことができるようになるでしょう。

「流されない性格」の出方しだいで……

自分をより正しい方向に導いていける

同じ間違いをくり返してしまう

Point

- このような人は、新しいものや価値観に疎《うと》くなりやすい傾向がある
- 新しいもの好きの知り合いや、好奇心旺盛《おうせい》な人が近くにいるだけで、自分のどこが古くなりつつあり、アップデートする必要があるのかわかりやすくなる

4章

好評価につながる「場の盛り上げ方」

――「サービス精神」を10倍魅力的に見せる方法

「サービス精神」で魅せるために

「サービス精神」とは、相手を喜ばせ、相手の気分を高める力のこと。このタイプの人は、雰囲気をパッと盛り上げるのが得意なため、次のような特徴があります。

- 社交的で「ノリ」がいい
- 「集中」と「リラックス」の切り替えがうまい
- 何事にも「楽しむ姿勢」で取り組む
- 「創造的」で新しいことを考えるのが好き
- 「表現のしかた」がユニークで面白い

こういう特徴がいい形であらわれていると、

⇓相手の懐《ふところ》に入り、どんどん味方を増やしていく
⇓気分にムラがなく、常にアクティブ
⇓何事も楽しみながら、グングン成長につなげていく
⇓画期的なアイデアを考えつくことができる
⇓場を大いに盛り上げるのがうまい

という「いい循環」を巻き起こす、魅力的な存在になります。

いつも明るい人、ムードメーカータイプの人はみな、「サービス精神」を上手に活かしているのです。

一方で、この特徴が裏目に出てしまうと、周囲に不快感を与えてしまうことになりかねません。

○距離感や立場がうまくはかれない……
○威勢はいいが、行動が伴《ともな》わない……

こういったことに心当たりはありませんか。

「サービス精神」を活かして、より魅力的で活躍できるようになるにはどうすればいいのでしょうか。

具体的な例をあげながら、見ていきましょう。

「サービス精神」を活かしている人

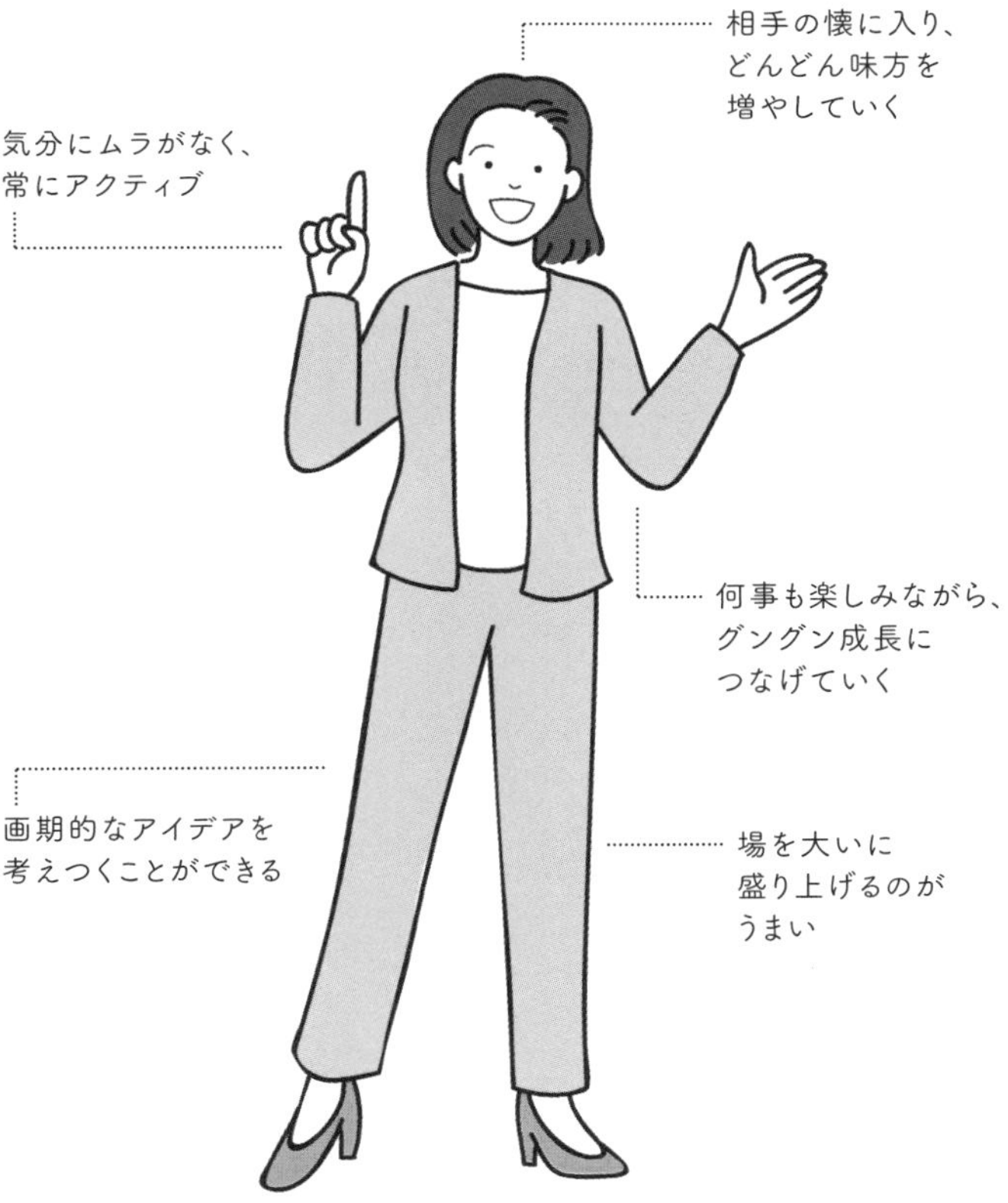
相手の懐に入り、
どんどん味方を
増やしていく
気分にムラがなく、
常にアクティブ
何事も楽しみながら、
グングン成長に
つなげていく
画期的なアイデアを
考えつくことができる
場を大いに
盛り上げるのが
うまい

ちょっとしたひと言で気まずくなる

1

人をワクワク楽しませることができる

こんなことで悩んでいませんか？

- 「距離感が近過ぎる」と言われることがある
- 相手と親しくなると、つい軽はずみな言動をとってしまう
- 自分では「面白い」と思って口にしたことで、相手を傷つけたり、反感を買ったりしたことがある

自分にとって楽しいから、そして相手もきっと面白がってくれるに違いないと、うっかり軽はずみな言動をとってしまうことがあります。

そういったことがあると、

- 友達の間での評判や、職場での評価を下げてしまう
- 楽しい場に呼ばれなくなる……

といった、悪い事態につながってしまうかもしれません。

変身ポイントは「サービス精神」

なぜそんなことが起きるのでしょうか。

それは、変身ポイントである「サービス精神」がマイナスにあらわれているからです。

「サービス精神」とは、相手を喜ばせ、楽しませ、うれしい気分にさせようとする気持ちのこと。そんな人がその場にひとりいるだけで、雰囲気はパーッと明るくなり、みんながリラックスして話せるようになるものです。

ここでの悩みのように、「悪気なく相手を傷つけることがある」といった「サービス精神」がマイナスにあらわれていることも、自分にとっての大きなエネルギーにできるのです。

「サービス精神」がマイナスにあらわれると

では、なぜ「悪気なく相手を傷つけてしまう」のでしょうか。

それは、「相手をクスッと笑わせたい」「なんとか打ち解けたい」という気持ちが、**独《ひと》りよがりになってしまうことがある**からです。

誰しも悦《えつ》に入れば、周囲が見えなくなってしまうもの。

そんなとき、その場の空気感に流されて、調子に乗ってちょっと悪態《あくたい》をついたり、オヤジギャグを連発したり、相手を不必要にイジったりしてしまうことはありませんか。

芸人の世界では、相手を「落とす」ことで笑いをとる手法もあるようですが、一般の世界ではなかなか受け入れられにくいもの。

結果として、「サービス精神」のつもりでやったことが、かえって相手を不快な気持ちにさせてしまうことにつながるのです。

「サービス精神」がプラスにあらわれると

ではどうすれば、サービス精神をプラスの出方にすることができるのでしょうか。

それは**「相手も楽しめているかな」と確認する姿勢を常にもつ**ことです。

たとえば、場が大盛り上がりしているときこそ、「そこに居づらそうな人」に気をくばってみてはどうでしょう。もし、そのような人がいれば、

「こんな雰囲気なんだけど大丈夫？」

「初めての参加のようだけど、楽しめている？」

とさりげなく声をかけてみるのです。

うまくなじめていない人にとって、**その場のムードメーカーからの親切心ほどありがたいものはない**でしょう。

誰ひとり取り残さず、その場全体を盛り上げるサービス精神のコツを、ぜひ試してみてください。

「サービス精神」の出方しだいで……

その場にいるすべての人に
気をくばれる
面白いようでウザったい

Point

- 「快適さ」は相手によって異なる
- 本書の各章で紹介しているように、人間には全部で5つのタイプがある
- それぞれのタイプの特徴をよく知っておくことで、相手に応じたサービス精神の出し方ができる

「フレンドリーさ」の加減がうまくいかない

2

ノリのいい反応でどんどん味方をつくっていける

こんなことで悩んでいませんか？

- 深く考えることなく「頑張ります」「気をつけます」と言ってしまう
- できそうもないことや、威勢のいいことを言ってしまう
- 「○○さんはノリが軽過ぎる」と言われたことがある

何かにつけても、前向きな反応は人づき合いで好まれますし、自分も気持ちのいいものです。しかし、言葉だけ前向きでも、結果が伴わないと評価されません。

そういったことがくり返されると、

- 言葉に真剣味がなくなる
- 真面目《まじめ》に取り合ってもらえなくなる
- 周囲の目がどんどん冷たくなっていく……

といった、悪い事態につながってしまうかもしれません。

変身ポイントは「ノリのコントロール」

なぜそんなことが起きるのでしょうか。

それは、変身ポイントである「ノリのコントロール」がマイナスにあらわれているからです。

何事にも楽しさを求める人は、その場のノリや勢いを大事にします。

ノリや勢いは本来、仕事や人間関係でいい方向に働きます。「レスポンスの早さ」や「フットワークの軽さ」につながるからです。

ここでの悩みのように、「気持ちだけが先走って行動が伴わない」といった「ノリのコントロール」がマイナスにあらわれていることも、自分にとっての大きなエネルギーにできるのです。

「ノリのコントロール」がマイナスにあらわれると

では、なぜ「気持ちだけが先走って、行動が伴わない」のでしょうか。

ノリがいい人には弱点があります。

ともすれば、**ノリでやっていいことと、やってはいけないことの判断がつかなくなる**ということです。

たとえば、できる確信がほとんどないのに、「100％、いや、120％OKです！」と、その場のノリで言ってしまうことがあります。そう言えば相手と楽しい関係が築け、仕事も楽しく進められそうだと感じるからです。

しかし、とりわけビジネスの局面では、ついノリで口にしたことでも、すべてに責任が生じます。

あとから出まかせだったとわかれば、相手としては、大きく期待しただけにガッカリ感も大きくなってしまうのです。

「ノリのコントロール」がプラスにあらわれると

ではどうすれば、ノリのコントロールをプラスの出方にすることができるのでしょうか。マイナスからプラスへの変身のコツは、大きく出るにしても、実際に**「自分のエネルギーにつながる」形にして言う**ことです。

たとえば、仕事を頼まれたとき、「普通なら5日はかかりそう。でも、頑張ればもう少し早められるかも……」と思っても、まずは次のように言うのです。

「ちょっと考える時間をください!」

その上で、現実的にできるか否《いな》かを一度冷静になって考えます。

ノリがいい人の長所は、疲れ知らずで、**厳しめの負荷《ふか》でも「やってやるぞ!」とモチベーションへ昇華《しょうか》できる**こと。

自分の力を出し切るだけで、相手の期待を十分に超えられるはずです。

「ノリのコントロール」の出方しだいで……

「フットワークが軽い」&
「行動力がある」人に

調子ばかりいい人に

Point

- ノリよく「できます!」という前に**「ちょっと時間をください」**と立ち止まり、自らの経験や技量をふまえ、現実に即したスケジュールを考えてみる
- 自分ができるか否かの判断のチェック項目をあらかじめ作成しておき、判断する際にチェックしてから返事するとよい

3

集中力が続かない……

気分のムラをなくせる

こんなことで悩んでいませんか？

- やる気が「見えるとき」と「見えないとき」の差が激しい
- スケジュールを立てても、その通りに進められない
- 本気になれないときは、実力の半分も出せない

誰にでも、やる気が出るときと、なかなか出ないときがあります。多くの人はうまく折り合いをつけていますが、中には、その落差がとても大きく、簡単には制御《せいぎょ》できない人がいます。

「やる気が出ないものは仕方ない」とそのままにしていると、

- 仕事や勉強が期限に間に合わなくなる
- 何度もスケジュールを変更することになり、周囲に迷惑をかける……

といった、悪い事態につながってしまうかもしれません。

変身ポイントは「集中力の見極め」

なぜそんなことが起きるのでしょうか。

それは、変身ポイントである「集中力の見極め」がマイナスにあらわれているからです。

やる気の出るときと出ないときで落差のある人は、実は、非常に高い集中力を秘めていることが多々あります。やる気がいい形に出れば、ほかの人より数倍早いスピードでこなすことができるでしょう。その感覚を知るからこそ、集中力が働かないときの自分にもどかしく感じるのです。

ここでの悩みのように、「やる気の落差が大きい」といった「集中力の見極め」がマイナスにあらわれていることも、自分にとっての大きなエネルギーにできるのです。

「集中力の見極め」がマイナスにあらわれると

私自身、昔はやる気が出るときと出ないときの落差が大きいタイプでした。

やる気が出るときは、集中してバリバリ仕事を進められるのですが、やる気が出なければ一切が手につかなくなるのです。

当時はひとりで会社を回していたということもあり、自身のやる気がダイレクトに収益に影響していました。思うように成果が上がらずに、収入が激減するといった事態にも、幾度《いくど》となく陥ったものです。

また、集中力に波があれば、そのぶん仕事の進捗《しんちょく》にムラが生じますから、「スケジュールを立てて、期限までに目標を達成する」ということに、ずいぶんと苦手意識をもったものです。

「いつもコンスタントに集中できたら、どんなにいいか……」と、心底悩んでいました。

「集中力の見極め」がプラスにあらわれると

ではどうすれば、集中力の見極めをプラスの出方にすることができるのでしょうか。

マイナスからプラスへの変身のコツは、**やる気が出るときに、先のぶんまでできる限り前倒しにして、物事を進めておく**ことです。

そうすれば、やる気が出ないときはマイペースに進めることができるので、浮き沈みのムラがならされ、結果としてコンスタントに成果が上がるようになります。

改めて私の話をさせていただきます。

私の場合はやや特殊で、半年おきにやる気の浮き沈みがありました。ですから、やる気のあるうちに、半年先のぶんまで進めておくようにしたのです。

すると不思議なことに、落ち込む波がまったくこなくなりました。

きっと「成果の備蓄《びちく》」があったからでしょう。

「半年後も大丈夫な自分」が見えれば、人はやる気を失いにくくなるのです。

「集中力の見極め」の出方しだいで……

＋

常にパフォーマンスが高い

やる気・気持ちにムラがある

－

Point

- 自分のバイオリズム（気分の浮き沈みや、そのタイミング）を理解しておくこと
- そして「停滞期」「好調期」にすることをそれぞれ決めておく
- 停滞期にはインプット（本を読む、情報を収集するなど）、好調期にはアウトプット（営業活動、イベント企画など）が向いている

4

目先のことに飛びついてしまう

面白いほどグングン成長していける

こんなことで悩んでいませんか？

- 地道に「コツコツと続ける」ことが苦手
- 毎日同じことのくり返しでは、つまらない
- ほかの人に誇れるような、何か大きなことがやりたい

世の中には、地道でコツコツやるのを苦にしない人と、どうも苦手でできる限り避けて通ろうとする人がいます。

しかし、「苦手だから」と、いつも避けて通っていると、

- なかなか達成感が得られない
- できない自分がイヤになる
- 周囲から評価されにくくなる……

といった、悪い事態につながってしまうかもしれません。

変身ポイントは「楽しむ姿勢」

なぜそんなことが起きるのでしょうか。

それは、変身ポイントである「楽しむ姿勢」がマイナスにあらわれているからです。

「楽しむ姿勢」とは、何事に取り組む上でも「どうせやるなら楽しもう！」という気持ちで取り組むこと。

「楽しむ姿勢」がある人は、好奇心が旺盛で、何事にもイキイキと挑戦することができます。

ここでの悩みのように、「コツコツと続けるのが苦手」といった「楽しむ姿勢」がマイナスにあらわれていることも、自分にとっての大きなエネルギーにできるのです。

「楽しむ姿勢」がマイナスにあらわれると

では、なぜ「コツコツと続ける」ことが苦に感じられるのでしょうか。

どうせやるなら楽しもう――「楽しむ姿勢」がある人はそう考えがちです。

しかし、そこに**「自分なりの楽しさ」を見出そうとする姿勢がなければ、目の前にある、簡単に手に入る楽しさに飛びついてしまう**ことになります。

それは、「誰かから評価される」「成果に直接結びつく」「達成感がすぐに得られる」といった、わかりやすいごほうびが見えているもの。

当然ながら、世の中にはそういったものばかりとは限りません。

むしろ、地道な努力が求められることのほうが多いくらいです。

結果として、地道に続けることができなければ、そのあとに本来あるはずの達成感や評価まで取り逃すことになってしまうのです。

「楽しむ姿勢」がプラスにあらわれると

ではどうすれば、楽しむ姿勢をプラスの出方にすることができるのでしょうか。マイナスからプラスへの変身のコツは「工夫する面白さ」に気がつくことです。

たとえば、データ入力や資料の整理など、一見単純で地道に見える作業であっても、周囲の人や過去の自分と「タイムを競う」などのゲーム感覚で取り組むことで、面白くすることができます。

中でも、「周囲の人と競う」はオススメの方法です。一番早かった人が、「職場で余っているぶんのお菓子をもらえる」などのごほうびを設ければ、一層盛り上がることでしょう。

「工夫する面白さ」のいいところは、自分の頭ひとつでつくり出せること。

自分なりのひと工夫をつけてみれば、やりがいがより湧いてくるものです。

「楽しむ姿勢」の出方しだいで……

自分なりの面白さが見出せる

コツコツと努力するのが苦手

Point

- 楽しむ姿勢になる準備として、まず自分の感覚が喜ぶルールを発見しよう。感覚の快適さを満たすと、楽しむ余裕が生まれる
- 日の出を見る、ウォーキングをする、声を出す、体を動かす……など自分のお気に入りを探すこと

5

プレゼンや企画の反応がイマイチ

相手をハッとさせるアイデアが、ラクラクひらめく

こんなことで悩んでいませんか？

○せっかく考えた企画や提案が、なかなか通らない
○自分の「面白そう！」「楽しそう！」が周囲にわかってもらえない
○アイデアはあるけど、それを具体的にどうすればいいかわからない

アイデアはたくさん浮かぶのに、なぜか実現に至《いた》らない――そんなことはありませんか。悔しい思いをそのままにしていると、
○自分を理解してくれる人がなかなか見つからない
○同じようなアイデアを考えている人に先を越されてしまう
○アイデアを考えるのがつまらなくなり、やがては思い浮かばなくなる……
といった、悪い事態につながってしまうかもしれません。

変身ポイントは「創造性」

なぜそんなことが起きるのでしょうか。
それは、変身ポイントである「創造性」がマイナスにあらわれているからです。

「創造性」とは、これまでの発想ややり方にとらわれず、まったく新しいものを考え出す力のこと。
創造性がある人は、感性が豊かで、他人が思いつきもしないようなアイデアを次々と思いつくことができます。

ここでの悩みのように、「企画や提案がなかなか通らない」といった「創造性」がマイナスにあらわれていることも、自分にとっての大きなエネルギーにできるのです。

「創造性」がマイナスにあらわれると

では、なぜ「企画や提案がなかなか通らない」のでしょうか。

それは、**アイデアが独創的になり過ぎているのかもしれません。**


独創性の高いアイデアが、必ずしも悪いというわけではありません。

しかし、新しいアイデアを出すだけ出しておいて、そのあとの「人にわかりやすく伝える」といったプロセスがおろそかになっていませんか。

人は、前例がないことは、なかなか理解できないもの。

自身のアイデアについてほかの人に伝える際、わかりにくい説明になっていては、なかなか理解してもらえません。

これでは、せっかくの創造性も活かすことができなくなってしまいます。

「創造性」がプラスにあらわれると

ではどうすれば、創造性をプラスの出方にすることができるのでしょうか。

マイナスからプラスへの変身のコツは「**アイデアを紙に書き出す**」ことです。

独創的なアイデアを具体化するには、その漠然《ばくぜん》とした状態から、客観的な視点で整理し直す必要があります。

その第一歩が、アイデアを紙に書き出すことなのです。**頭の中にしかなかったことも、紙に書き出せば、少し客観的に眺められるようになるはず。**

「実現するには、ほかに何が必要だろう……」

「実現すれば、誰にどんなプラスがあるんだろう……」

アイデアを文字や図にして眺め、気づきがあれば書き足していく——。こうした客観化をくり返していけば、だんだん具体化する感覚がつかめていきます。

「創造性」の出方しだいで……

+
アイデアを具現化できる
突拍子《とっぴょうし》もないアイデアで
理解してもらえない
−

Point

- まずは創造性を養おう
- その方法として、本や映画、音楽などを批判的に鑑賞するとよい
- 「自分だったらこうするのにな」とアイデアが生まれ、オリジナリティが芽生えてくる

6

もっと話を弾ませたい

いつでも場をバーンと盛り上げることができる

こんなことで悩んでいませんか？

- 相手に喜んでもらいたいと思って言ったことが「お世辞《せじ》」にとられることがある
- 「嘘っぽい」「ゴマをすっている」と思われがち
- 「あの人って、調子がいいばかりで信頼ができるのか」と思われているようだ

相手に喜んでもらいたくてやっているのに、なんだか空回り。納得いかないですよね。ここで「でもまあ、自分の気持ちに嘘はないからいいや」と、そのままにしていると、

- 表面的なつき合いしかしてもらえなくなる
- 大切なシーンで信用してもらえなくなる……

といった、悪い事態につながってしまうかもしれません。

変身ポイントは「表現のしかた」

なぜそんなことが起きるのでしょうか。

それは、変身ポイントである「表現のしかた」がマイナスにあらわれているからです。

相手をほめることが大好き。相手の喜ぶ顔が見たい――。

いつもそう考えて行動している人は、「こう言えば相手は喜んでくれるはず」「〇〇さんのいいところはこんなところ」といったフレーズがすぐにひらめきます。

ここでの悩みのように、「お世辞っぽい」「ゴマをすっている感じがする」といった「表現のしかた」がマイナスにあらわれていることも、自分にとっての大きなエネルギーにできるのです。

「表現のしかた」がマイナスにあらわれると

相手をほめたり、もち上げたりすることは、悪いことではありません。

むしろ、すぐれたコミュニケーション方法のひとつです。

ところが「表現のしかた」がマイナスに出れば、**ほめ方に気持ちがこもっていないと思われたり、「なんだか上から目線」に聞こえたりしてしまうことがあります。**

たとえば、訪問先でコーヒーを出されたとします。

そこで「おいしいですね！」「いい香りですね！」「絶品です！」「こんなにおいしいコーヒーは初めてです！」などと言えば、相手はどう思うでしょうか。

ほめてくれていることは伝わりますが、一方で「どこでも言ってそうだな」や「なんだか調子だけはいいな」と思われてしまうかもしれません。

そうなると、相手もリアクションに困ってしまいます。

弾んでいた会話のリズムも、そこでくずれてしまうのです。

「表現のしかた」がプラスにあらわれると

ではどうすれば、表現のしかたをプラスの出方にすることができるのでしょうか。

マイナスからプラスへの変身のコツは「うんとオーバーにほめる」ことです。

たとえば、先ほどのコーヒーの例だと、次のように言ってみてはどうでしょう。

「これは世界で一番のコーヒーですね！　私は世界中のコーヒーを飲み尽くしてきましたが、こちらがダントツで一番です！」

「世界で一番」「世界中のコーヒーを飲み尽くした」は、どう考えても本当ではありません。しかし、**うんと大きく出ることで、場がやわらぎ、空気が楽しくなるのです。**

相手としても「世界で一番ですか！」や「このコーヒー、原産地は○○でして……」と話を続けやすくなるはずです。

最後に、**「失礼しました。ただ、私が飲んだコーヒーの中で一番であることは間違いありません」**と言えば、本当においしかったと伝わるものです。

「表現のしかた」の出方しだいで……

相手の「言われてうれしい!」がわかる
ほめようとして空回り

Point

- 相手が喜ぶ、記憶に残る表現をするためには、「オノマトペ」(音を言葉で表現すること)が有効
- オノマトペには、「一般的な使い方」と、一般的には聞きなじみのない「特別な使い方」がある
- 特別なオノマトペは相手の心に残りやすいので、積極的に使っていこう(次ページ参照)

こんな特別な「オノマトペ」が相手の心に残る

＼ビジネスシーンで！／

- ワクワクしながら待っています！
- めっちゃ頑張ります！
- スイスイと仕事を終わらせる
- 君ならラクラクできるはずだよ
- スパッと理解してくれて助かったよ
- いつもシュッと答えてくれてありがとう
- さあ、パッパッと片づけていくよ

＼プライベートでも！／

- おいしくて、バクバク食べちゃいます
- たまにはポカンとリラックスしておいで
- このあたりをちょっとプラプラしない？
- ガラリと変わったね！
- やる気がふつふつと湧いてきた！

5章

どこに行っても「可愛がられる」人に

――「尊重力」を10倍魅力的に見せる方法

「尊重力」で魅せるために

「尊重力」とは、人に敬意をもって接し、忠実に行動する力のこと。このタイプの人は、どんな相手にでもペースを合わせられるため、次のような特徴があります。

- 「協調性」がある
- 物事を「慎重《しんちょう》」に進める
- 忍耐強く「信念」がある
- 「誠実」で素直

こういう特徴がいい形であらわれていると、

⇩相手の話をよく聞いた上で、自分の意見をしっかり伝えられる
⇩趣旨《しゅし》をきちんと説明できる
⇩自信をもって物事をやり遂げていく
⇩一緒にいるとホッとする

という「いい循環」を巻き起こす、魅力的な存在になります。

礼儀正しい人、可愛がられやすい人はみな、「尊重力」を上手に活かしているのです。

一方で、この特徴が裏目に出てしまうと、フォロワー（リーダーやほかのメンバーを補佐する人）の役ばかりになってしまい、自分自身が評価されにくくなってしまいます。

○存在感を出せない……
○自信なさげで頼りない……

こういったことに心当たりはありませんか。

「尊重力」を活かして、より魅力的で活躍できるようになるにはどうすればいいのでしょうか。

具体的な例をあげながら、見ていきましょう。

「尊重力」を活かしている人

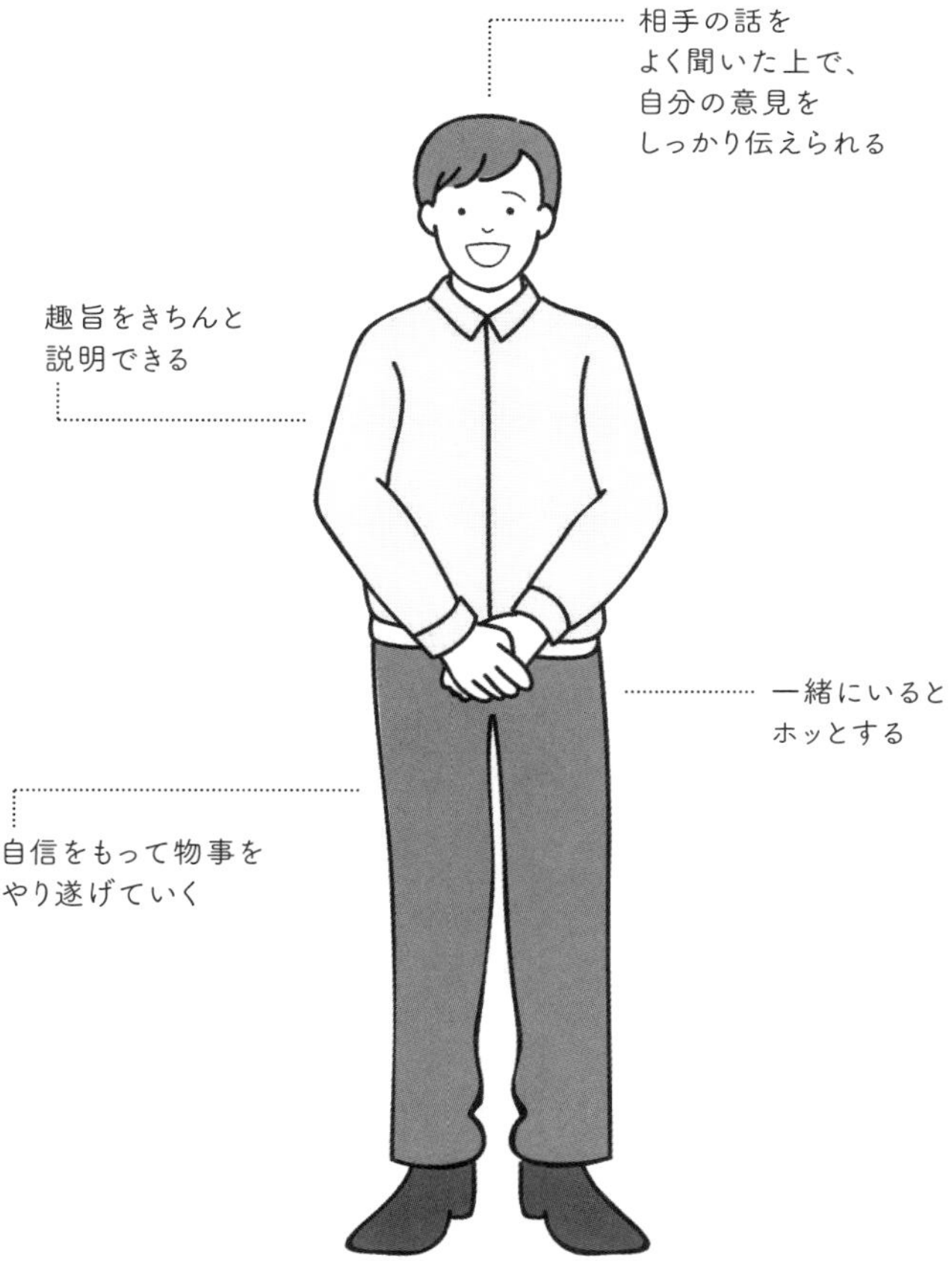
相手の話を
よく聞いた上で、
自分の意見を
しっかり伝えられる
趣旨をきちんと
説明できる
一緒にいると
ホッとする
自信をもって物事を
やり遂げていく

1

もめ事は避けたい

ホンネが言い合える関係になる

こんなことで悩んでいませんか？

- ホンネを言うのが苦手
- 誰かの意見や考え方に合わせがち
- 無難《ぶなん》で当たりさわりのないことを言ってしまう

なるべく角が立たないように、と何かと中立的な立場をとる人がいます。

フェアでいることは一見よいことのように思えますが、どっちつかずの対応をとり続けていると、
- 相手の印象に残りにくい
- よそよそしい関係から発展しにくい
- 納得のいかない結論に決まってしまうことがある……

といった、悪い事態につながってしまうかもしれません。

変身ポイントは「尊重力」

なぜそんなことが起きるのでしょうか。
それは、**変身ポイントである「尊重力」がマイナスにあらわれている**からです。

「尊重力」とは、人に敬意をもって接し、忠実に行動する力のこと。
尊重力が高い人は、どんな立場の相手にでも敬意を表し、礼を尽くすことができます。また、相手のいいところを素早く見つけ、素直に評価できるのも、尊重力が高い人の特徴です。

ここでの悩みのように、「当たりさわりのない態度をとることが多い」といった「尊重力」がマイナスにあらわれていることも、自分にとっての大きなエネルギーにできるのです。

「尊重力」がマイナスにあらわれると

では、なぜ「当たりさわりのない態度をとってしまう」のでしょうか。

このような人は、相手を過度に尊重するあまり、**「気にさわらないように」「なるべく問題を引き起こさないように」と、何事にも慎重になり過ぎる傾向があります。**結果として、角が立たないぶん、曖昧《あいまい》でどっちつかずな答え方をしやすくなってしまいます。

これは一概に悪いこととはいい切れません。

このような人は、思考が柔軟で、大きな変化にもすぐに適応できるのが特徴です。たとえば、チームの体制や組織の方向性がガラッと変わっても、動じることなく適応できるのは、このような人ならではの魅力です。

ただし、人間関係の局面では、相手に「物足りない」「腹を割って話せない」とマイナスに受け取られてしまうこともあるようです。

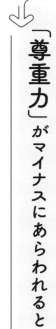

「尊重力」がプラスにあらわれると

ではどうすれば、尊重力をプラスの出方にすることができるのでしょうか。

マイナスからプラスへの変身のコツは**「自分の考えをハッキリさせる」**ことです。

自分は賛成なのか反対なのか、白なのか黒なのかということを明言するのです。

そこで敵をつくらないコツは、意見をハッキリ述べる前に、

「感覚的にしかわからないんですが……」

「私の考えでは……」

とひと言、前置きすることです。

また、複数の中から選ぶような局面では、**「Aさんの話が心に響きました」**などと含みをもたせて言ってもいいでしょう。

自分自身の「常にフェアである」ことの魅力を活かせば、難しいジャッジも簡単に下すことができるようになります。

「尊重力」の出方しだいで……

発言が常にフェアに聞こえる!
どっちつかずの人
A
B…

Point

- 自分の考えを明らかにしつつ、含みのある言い方をすれば相手に受け入れられやすい
- 誰かから言い返される場合に備えて、**「そこには考えが及びませんでした」**というひと言を用意しておくと、一層自分の意見が言いやすくなる

2

自分の意見をきちんと言える

周りの空気に流されがち……

こんなことで悩んでいませんか?

- 強気な発言をする人がいると、自分の言いたいことが言えなくなってしまう
- 強く主張されると、うまく言い返すことができない
- 納得のできない結論に従うことが多い

強気でこられると無条件に従ってしまう……。周囲にワンマンタイプの人がいるときに、やってしまいがちな対応です。

しかし、そのままにしていると、

- 我慢ばかりでストレスが溜まる
- 自分の気持ちを押し殺すクセがつく
- 自分の意見を言うのが、どんどん苦手になってくる……

といった、悪い事態につながってしまうかもしれません。

変身ポイントは「協調性」

なぜそんなことが起きるのでしょうか。

それは、**変身ポイントである「協調性」がマイナスにあらわれている**からです。

「協調性」とは、たとえ性格や意見が異なっても、互いに譲《ゆず》り合うことで調和をはかろうとする力のこと。「協調性」に富んだ人は、互いの利害が対立するような場面でも、それぞれの立場を尊重しつつ、協力して物事を進めることができます。

ここでの悩みのように、「言い返したくても言い返せない」「強気でこられると従ってしまう」といった「協調性」がマイナスにあらわれていることも、自分にとっての大きなエネルギーにできるのです。

「協調性」がマイナスにあらわれると

では、なぜ「言い返したくても言い返せない」「強気でこられると従ってしまう」のでしょうか。

協調性に富んだ人は弱気で、相手の強気な態度に怖《お》じ気《け》づいている、というわけではありません。

むしろ、人一倍冷静でなるべく物事を荒立てたくない、人間関係に波風を立てたくない――。

そんな気持ちから、相手に強く主張されれば、じっと我慢して合わせてしまうのです。

せっかく、事前に「こういったことを話そう」といったプランや話す準備をしているのに、結局いつも言えずじまいになってしまいます。

これは非常にもったいない話です。

「協調性」がプラスにあらわれると

ではどうすれば、協調性をプラスの出方にすることができるのでしょうか。

本当の協調性とは、自分を押し殺すことではなく、**相手が受け入れやすい表現で、タイミングよく自分の意見を言う**ことです。

絶好のタイミングは、相手が言いたいことを全部言い終えたあとです。自分の意見をなるべく短くまとめて、次のように言ってみましょう。

「若干《じゃっかん》、別の考え方をしているかもしれませんが、少しお話ししてもいいですか？」

「それでは3分だけお時間をいただいて、私の意見を述べてもいいですか？」

もっとも、あまりハッキリと伝えられず、初めのうちは反撃にあって言い負かされるかもしれません。

ただし、そのようにして必ず自分の考えを伝える習慣があれば、やがては芯《しん》のある人として、発言力が増してくるはずです。

「協調性」の出方しだいで……

相手が受け入れやすい
表現ができる
納得のいかない結論に決まる

Point

- 想定外の展開でもパニックにならないことが大切
- しゃべる機会を増やして、想定外にも対応できるトレーニングを積んでおく
- 「知らない人と出会える場所に行く」「趣味のコミュニティに参加する」などが有効

堂々と主張できるようになりたい

3

趣旨をきっぱりと説明できる

こんなことで悩んでいませんか？

- 相手の反応や顔色を窺《うかが》いながら話すクセがある
- 相手の態度や表情が少しでも変わると、「なんかヘンなこと言っていないかな……」と不安になる

相手の態度や言い方のわずかな変化も敏感に感じ取ってしまい、言いたいことが最後まで言えなくなることがあります。

そのままにしていると、

- 伝えたいことがなかなか伝わらない
- コミュニケーションに、ストレスや苦痛を感じる……

といった、悪い事態につながってしまうかもしれません。

変身ポイントは「慎重さ」

なぜそんなことが起きるのでしょうか。

それは、変身ポイントである「慎重さ」がマイナスにあらわれているからです。

「慎重さ」とは、何事に取り組む上でも、危険や困難を引き起こさないように、細心の注意を払うこと。

慎重な人は、とりわけ人間関係においては、周囲の人がどう感じているかを常に観察し、波風が立たないように取り計らうことができます。

ここでの悩みのように、「他人の反応や態度を気にしてしまう」といった「慎重さ」がマイナスにあらわれていることも、自分にとっての大きなエネルギーにできるのです。

「慎重さ」がマイナスにあらわれると

では、なぜ「他人の反応や態度を気にしてしまう」のでしょうか。

それは、**わずかな雰囲気の変化にも反応してしまうほど、センサーが敏感だからです。**

たとえば、自分がトラブルの報告をしていて、上司がちょっとしかめ面をすると、重要な事実を伝えるのを途中でやめて、原因や言い訳の話を始めてしまいます。

あるいは、自分が話している途中で、相手に「え?」「は?」と言われると、たちどころに自信を失い、「いや、なんでもありません……」「やっぱり大丈夫です……」と話をやめてしまうのです。

慎重な人は、周囲をよく観察しているぶん、人間関係や問題解決に役立つ情報もたくさんもっています。本来なら、「この人の話を聞けばうまくいく」と思われるはずのところを、かえって正反対の評価を受けてしまっているのです。

「慎重さ」がプラスにあらわれると

ではどうすれば、慎重さをプラスの出方にすることができるのでしょうか。

マイナスからプラスへの変身のコツは「最後まで話す勇気をもつ」ことです。

このような人は、70ページで紹介した「話す内容がちぐはぐで、何が言いたいのかわからない」というのとは、根本的に異なります。

ただ、話を途中でやめてしまうせいで、相手に「何が言いたいのかわからない」と思われているに過ぎないのです。

慎重さは、話を上手にまとめるセンスにもつながるので、正しい方向に活かすことさえできれば、内容に富んだ会話になるはずです。

言いたいこと、言うべきことをできる限り最後まで話し切る練習をする——。それによって助かるのは、あなた自身だけではありません。

役に立つ意見や情報を聞くことができる、周囲の人たちでもあるのです。

「慎重さ」の出方しだいで……

落ち着いて穏やかに話せる
相手の機嫌や態度の変化を気にしてしまう

Point

- 整理して話をしてみよう
- 話に整合性があれば、勇気とやる気が湧き、自信ももてるようになる
- **「話のポイントは3つあります」**などと、整理したことを最初に伝えるとよい

ちょっとした挑戦にも不安を感じる

4

自信をもって、しっかりとやり遂げられる

こんなことで悩んでいませんか？

- 自分と他人を比べて自信をなくすことが多い
- 輝いている人を見ると、引け目を感じる
- 「自分にはムリだ……」「あの人には勝てない……」とつい思ってしまう

これまで自分なりに努力してきたつもりが、どうも自分は周囲に比べて見劣《みおと》りするような気がする――。そのように感じることはありませんか。

その気持ちを見過ごしたままにしていると、

- 自分になかなか自信がもてない
- 頑張ろうというモチベーションが湧きにくい
- 他人と比較するたびにストレスを感じる……

といった、悪い事態につながってしまうかもしれません。

変身ポイントは「信念」

なぜそんなことが起きるのでしょうか。
それは、変身ポイントである「信念」がマイナスにあらわれているからです。

「信念」とは、自分自身に対して「自分はこれでいい」「自分の考え方は間違っていない」と一貫した態度をもつことです。
「信念」がある人は、自分自身にそういった自信がある一方で、すぐれた人柄や能力をもつ相手のことも、素直に評価することができます。

ここでの悩みのように、「他人と比べて引け目を感じる」といった「信念」がマイナスにあらわれていることも、自分にとっての大きなエネルギーにできるのです。

「信念」がマイナスにあらわれると

では、なぜ「他人と比べて引け目を感じる」のでしょうか。

十分な信念がもてなければ、自分にとっての心のよりどころがなくなるため、**何かと相手を過大評価してしまいやすくなります。**

たとえば、セミナーやビジネス書、身近な先輩のアドバイスなど、自分よりすぐれた人の話を聞くたびに、「この人はすごご過ぎる……」「自分には到底《とうてい》かなわない……」とたじろいでしまうのです。

人に過剰な敬意を抱くと、他人の能力を高く評価し過ぎてしまい、自信を失う原因にもなります。

結果として、「自分のやっていることなんて、あの人に比べれば全然ダメだ」とこれまでやってきたことを放棄したり、「どうせあの人のようにはできないから、これぐらいでいいや」と、そこそこのところでやめてしまったりするのです。

「信念」がプラスにあらわれると

ではどうすれば、信念をプラスの出方にすることができるのでしょうか。

マイナスからプラスへの変身のコツは、**「どうしたら自分もうまくいくのか」を考えて努力を続けること**です。

そもそも、このような人は、人の話をしっかりと聞くぶん、物事の本質をつかむセンスに長けています。

そのことを自覚して、これまでは「自分にはムリだ……」とあきらめていたところを、一歩踏み出して**「自分の場合はどうすればいいでしょうか？」「こんな不安があるのですが……」**と積極的にアドバイスを求めてみてはどうでしょうか。

自分を尊敬してくれる人に対しては、誰もが喜んで相談に乗ってくれるはずです。いいアドバイスもどんどん集まってくることでしょう。

成功体験につながれば、自信が生まれ、信念がいい形で活かされるはずです。

「信念」の出方しだいで……

自分の成功体験につなげられる
すごい人に引け目を感じる

Point

- 自分なりの信念、ゴールを示してみよう
- その際のキーフレーズとしては「**でもね……**」を使う
- 「**でもね、私はこう考えますがいかがですか**」など

5

「静かな人」と思われやすい

一緒にいてホッとする

こんなことで悩んでいませんか？

- 「存在感が薄い」「印象に残りにくい」というのがコンプレックス
- 数人で話しているときに、自分だけ黙っていることが多い
- テンポの速い会話についていけない

人づき合いは好きだし、弾んでいる会話の中にいるのは気持ちいいのに、積極的に話し出せずに黙っていることが多くありませんか。

そのままにしていると、

- 話に乗り遅れる
- 雑談が楽しめない
- 楽しい場に呼んでもらえなくなる……

といった、悪い事態につながってしまうかもしれません。

変身ポイントは「誠実さ」

なぜそんなことが起きるのでしょうか。

それは、変身ポイントである「誠実さ」がマイナスにあらわれているからです。

会話の局面では、輪の中心にいて、どんどん話題を提供するタイプの人と、振られた話題に答えたり、広げたりしてほかの人につなげるタイプの人がいます。

前者は積極的な盛り上げ役で、後者は誠実で真面目な調整役といったところ。

どちらも楽しい会話には必要で、どちらかに偏《かたよ》っていては、会話はうまくいきません。

ここでの悩みのように、「存在感が薄い」「印象に残りにくい」といった「誠実さ」がマイナスにあらわれていることも、自分にとっての大きなエネルギーにできるのです。

「誠実さ」がマイナスにあらわれると

誠実な人は他人に受け入れられやすく、どんな場にも、すんなりとおさまりよくなじむことができます。

ただし、問題となるのは、「誠実さ」からくる控《ひか》えめな態度は、「存在感がない」「印象に残りにくい」という、ネガティブなイメージにつながりやすいということです。

誠実で真面目な人は、態度や口数が控えめなことが多く、その存在の重要さに、周りがなかなか気づきません。

本人さえ、実は自分が重要な役割を果たしていることに気がつかず、「自分ももっと話さなくては……」とプレッシャーに感じている場合があります。

場の雰囲気を穏やかに保つ大切な存在なのに、その誠実さゆえに、会話を負担に感じてしまうのです。

「誠実さ」がプラスにあらわれると

ではどうすれば、誠実さをプラスの出方にすることができるのでしょうか。

マイナスからプラスへの変身のコツは「あいづち力」です。「あいづち」として声に出すことで、誠実さは相手にうまく伝わります。

たとえば、相手が「私は、広沢の出身なんです」と言ったとします。

そんなときは、**「へえ、広沢なんですね！」**とくり返すだけでOK。これだけで、「そうそう、広沢なんですよ！」と、会話をそこから盛り上げることができます。

また、相手が「表参道のあたりに素敵なカフェがあって……」と言えば、**「へえ、表参道のあたりに素敵なカフェがあるんですか！」**とオウム返しをします。

そうすれば、「そうなんですよ！　先日そこでお茶してきて……」や「○○さんは、普段どちらにお出かけされますか？」などと会話が盛り上がり、自分が話す機会も自然と増えていくのです。

「誠実さ」の出方しだいで……

+
「聞く力」で会話を盛り
上げられる
存在感が出せない……
……
—

Point

- 自分事として、会話の話題をとらえること
- 「自分だったら何をするだろう」「自分だったらどう思うだろう」と考えてみることで、話に積極的に参加でき、あいづちに加えて質問や提案もできるようになる
- **「私がもしリーダーの立場でしたら、こういう感じで考えます」**など

おわりに

私は、自分の会社を興《おこ》した33年前から言い続けてきたことがあります。

「コミュニケーション能力さえ強化できれば成功する。ビジネスチャンスがいっぱいくる」

実際に、人とのコミュニケーションのとり方を実践的に学べる『超一流の雑談力』や、自分の魅力を知り、人との接し方について学べる『できる人は必ず持っている一流の気くばり力』の本を出版し、これは大変好評を得ました。

世の中が混とんとしてきて、不安定な状況になっている昨今。多くの方が危機感、不安感を抱いているのではないでしょうか。

「組織に属していれば安泰《あんたい》」という時代は去り、個々の力を高められた人が成功を収めています。その個々の力を高めるということが、まさしく「コミュニケーション能力」アップに尽きます。

「コミュニケーション能力」は本来、誰にでもあるもの。

たとえば、人の悪口を言うことだって、「コミュニケーション能力」のなすワザのひとつです。

普通、人の悪口を言うことは、ネガティブで改めるべきこと、とされますが、私が長年の研修経験から開発した自己分析ツール「ｓｅａｒｃｈ Ｍｅ」を通じてわかったことがあります。

人の悪口を言うということは、人に対する分析能力が高いということ。

その能力を、相手とうまく関わり合う方向に出していければ、その人の強力な武器に変わるのです。

これまで「悪口を言えることはよいエネルギーの持ち主だ」という本があったでしょうか。

これこそが、本書がこれまでとはまったく異なることの、何よりの証拠です。

本書を読めば、自分の「得意なワザ」が見つかります。

「得意なワザ」が見つかれば、おのずと大きな可能性や夢も見つかるのです。

安田　正

巻末付録

一流のあなたの魅せ方がわかるシート

①〜③の欄それぞれに、
現在のあなたについて記入してください。
強みがどんどんと活きていく、自分の姿が見えてきます。
半年後、1年後などに改めて記入し、
比較してみると、自分の成長度が実感できます
(参考までに記入例もつけています)。

記入例

1

仕事や人間関係、自分磨きなどの「悩み」を書いてみてください。

相手を気づかうあまり、無理な頼まれ事もつい引き受けてしまいます。頼まれっぱなしではなく、ハッキリと断る自分になりたいです。

2

①について、本書の中で使えそうな「変身ポイント」はありましたか？

「空気を読む力」（66ページ）

3

②は、どんなプラスの出方ができそうですか？

「はい」と引き受けたあとに、「それって、来週以降でもいいですか？」などと質問返ししてみる！

（●●年5月）

①

仕事や人間関係、自分磨きなどの「悩み」を書いてみてください。

②

①について、本書の中で使えそうな「変身ポイント」はありましたか？

③

②は、どんなプラスの出方ができそうですか？

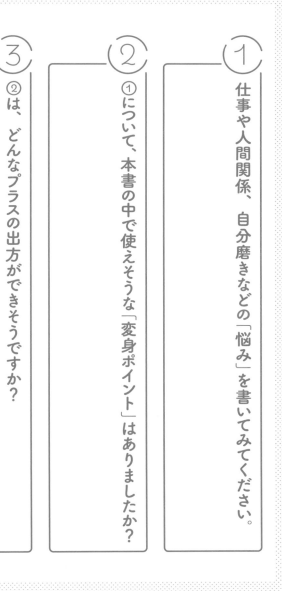

できる人《ひと》は必《かなら》ず知《し》っている
一流《いちりゅう》の自分《じぶん》の魅《み》せ方《かた》

著　者――安田　正（やすだ・ただし）

発行者――押鐘太陽

発行所――株式会社三笠書房

〒102-0072 東京都千代田区飯田橋3-3-1
電話：(03)5226-5734（営業部）
　　：(03)5226-5731（編集部）
https://www.mikasashobo.co.jp

印　刷――誠宏印刷

製　本――若林製本工場

編集責任者　長澤義文
ISBN978-4-8379-2935-2 C0030